MNEMOTÉCNICA DE KANJIS JAPONESES JLPT

N5

MNEMOTÉCNICA DE KANJIS JAPONESES JLPT N5

Lindsay Jiménez
Dioxelis López

2024

AGRADECIMIENTOS

Mi esposo, Dioxelis López, merece el mayor crédito por la escritura de este libro. Sin su ayuda, apoyo y críticas constructivas, este proyecto se hubiera quedado en mi mente y nunca se hubiera convertido en una realidad. Le dedico este libro a él por cada pequeña locura que él ha hecho por mí. Este libro se convierte ahora en su regalo de cumpleaños para el año 2019. De igual manera me gustaría agradecer a mi madre, mi padre y mis tres hermanos quienes han sido mi gran inspiración y fuerza.

Libro diseñado por Lindsay Jiménez

Portada diseñada por Harold Jiménez

Formato por Dioxelis López

Contenido

COMO USAR ESTE LIBRO

El enfoque principal de este libro es ayudar a aquellos que están estudiando japonés como segunda lengua. Por esta razón, el libro está centrado a nivel del Examen de Aptitud del Idioma Japonés (JLPT, por sus siglas en inglés). Este primer libro, de la serie de Mnemotécnica de Kanjis Japoneses, se enfoca en los 103 caracteres japoneses (kanji) encontrados en el examen nivel N5 y asume que el lector tiene conocimiento de los dos alfabetos japoneses (Hiragana y Katakana). Para comenzar a utilizar este libro, por favor seguir los siguientes pasos:

1. PÁGINA FRONTAL:
   a. Estilo Tarjetas de Estudio: El libro es recomendado de usar como tarjetas de estudio. Por lo tanto, el estudiante encontrará la mnemotécnica del kanji en la página frontal y la información del kanji en la parte posterior.
   b. Mnemotécnica: Los dibujos han sido hechos para tener similitud con los radicales, elementos e historia de los caracteres tanto como fuese posible. En los casos que esto no fue posible, tan solo traté de hacerlo fácil de recordar. Aun así, creatividad del lector es altamente recomendada.

2. PÁGINA POSTERIOR:
   a. Significado(s) Comunes: El estudiante encontrará los significados que son más apropiados para el nivel N5.
   b. Frase: Una frase que ayuda a recordar el kanji mejor y que también cree una historia que puede ser usada como una mnemotécnica. Cada frase fue formada tomando en cuenta los diferentes elementos del kanji para que fuese fácil de memorizar.
   c. Orden de Trazos: El orden en el cual el kanji debe de ser escrito.
   d. Ejercicio de Escritura: El estudiante tendrá la oportunidad de escribir el kanji en esta sección del libro para extra práctica.
   e. Lecturas ON y kun: Estas sirven como una guía para que el estudiante tan solo se enfoque en aprender y practicar

las lecturas que son requeridas en el examen. Nota: Cuando una lectura en particular no caiga en ninguna de las dos categorías, será anotado como *Excepción de Lectura*

f. <u>Ejemplos</u>: En esta sección del libro, encontrarás:
    - Vocabulario: Las palabras seleccionadas para cada kanji en este libro son palabras relevantes para el JLPT N5. Esto es para dar al estudiante la oportunidad de practicar vocabulario del examen.
    - Furigana: Todas las palabras contienen su furigana correspondiente encima de cada kanji.
    - Abreviaciones: En los ejemplos, también podrás encontrar las siguientes abreviaciones:
        o adj = Adjetivo
        o s = Sustantivo
    - Kanji Avanzado: Palabras con kanji avanzado son incluidas ya que la palabra misma es requerida para el examen, pero, aun así, el estudiante no tendrá que tener conocimiento del kanji avanzado.

PÁGINA FRONTAL

PÁGINA POSTERIOR

3. Este libro no está diseñado para utilizarse por sí solo. Es recomendado que el estudiante también use materiales de comprensión de lectura, ya que esto le ayudará a reforzar lo aprendido en este libro.

TABLA DE HIRAGANA

あ a	い i	う u	え e	お o
か ka	き ki	く ku	け ke	こ ko
が ga	ぎ gi	ぐ gu	げ ge	ご go
さ sa	し shi	す su	せ se	そ so
ざ za	じ ji	ず zu	ぜ ze	ぞ zo
た ta	ち chi	つ tsu	て te	と to
だ da	ぢ di	づ du	で de	ど do
な na	に ni	ぬ nu	ね ne	の no
は ha	ひ hi	ふ fu	へ he	ほ ho
ば ba	び bi	ぶ bu	べ be	ぼ bo
ぱ pa	ぴ pi	ぷ pu	ぺ pe	ぽ po
ま ma	み mi	む mu	め me	も mo
や ya		ゆ yu		よ yo
ら ra	り ri	る ru	れ re	ろ ro
わ wa				を wo
ん n				

TABLA DE KATAKANA

ア a	イ i	ウ u	エ e	オ o
カ ka	キ ki	ク ku	ケ ke	コ ko
ガ ga	ギ gi	グ gu	ゲ ge	ゴ go
サ sa	シ shi	ス su	セ se	ソ so
ざ za	ジ ji	ズ zu	ゼ ze	ゾ zo
タ ta	チ chi	ツ tsu	テ te	ト to
ダ da	ヂ di	ヅ du	デ de	ド do
ナ na	ニ ni	ヌ nu	ネ ne	ノ no
ハ ha	ヒ hi	フ fu	ヘ he	ホ ho
バ ba	ビ bi	ブ bu	ベ be	ボ bo
パ pa	ピ pi	プ pu	ペ pe	ポ po
マ ma	ミ mi	ム mu	メ me	モ mo
ヤ ya		ユ yu		ヨ yo
ラ ra	リ ri	ル ru	レ re	ロ ro
ワ wa				ヲ wo
ン n				

REGLAS DEL ORDEN DE TRAZOS

CAPÍTULO 1:
NATURALEZA

日	月	火	水	木
1	2	3	4	5
金	土	本	山	川
6	7	8	9	10
天	空	雨	電	魚
11	12	13	14	15
花	気	国		
16	17	18		

日 SOL, DÍA

"Un sol (日) y una nube en un día brillante"

Intenta:

ON (ニチ)
いちにち 一 日：Un día, un día entero
まいにち 毎 日：Todos los días

Kun (ひ， か)
はつか 二十日：Veinte días, veinteavo
にちようび 日曜日：Domingo

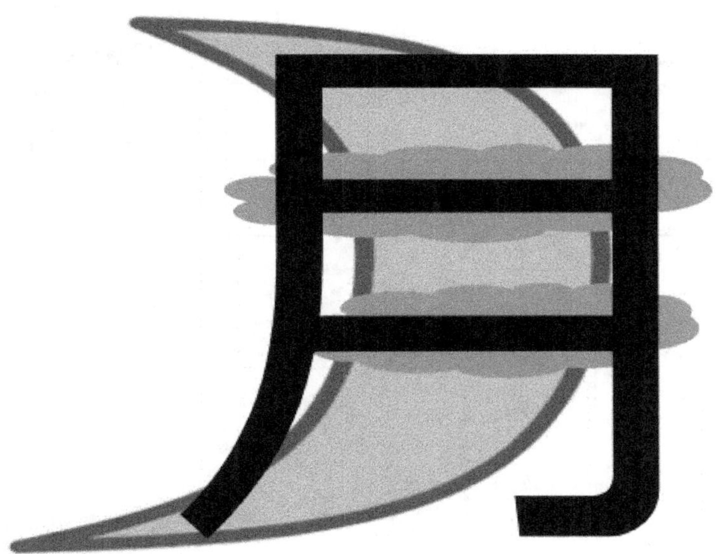

月 LUNA, MES

"Hay una luna (月) azul este mes"

月 月 月 月

Intenta:

ON (ゲツ、ガツ)

げつようび
月曜日：Lunes

こんげつ
今月：Este mes

せんげつ
先月：Mes pasado

らいげつ
来月：Próximo mes

げつ
〜か月：(Número de) meses

がつ
〜月：Mes del año

Kun (つき)

ひとつき
一月：Un mes

まいつき
毎月：Cada mes

火 FUEGO

"Dos troncos de fuego (火) ardiendo"

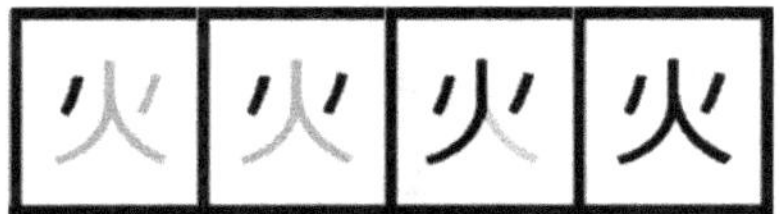

Intenta:

ON (カ)
かようび 火曜日: Martes
かざん 火山: Volcán
か じ 火事: Fuego

水 AGUA

"Una gran salpicadura de agua (水)"

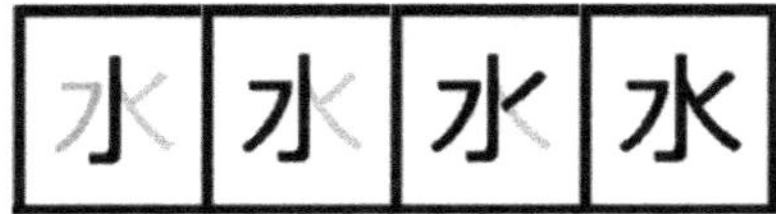

Intenta:

ON (スイ)
すいようび 水曜日 : Miércoles

Kun (みず)
みず 水 : Agua

木 ÁRBOL

"Un árbol (木) con dos ramas"

木　木　木　木

Intenta:

木　木

ON (モク)
もくようび 木曜日 : Jueves

Kun (き)
き 木 : Árbol

金 ORO

"Dos pepitas de oro (金) dentro de la mina"

金 金 金 金
金 金 金 金

Intenta:

金 金

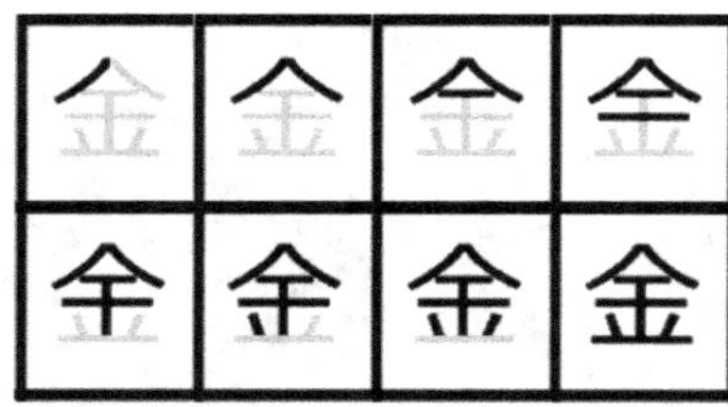

ON (キン)
きんようび 金曜日 : Viernes
きんぎょ 金 魚 : Carpa dorada

Kun (かね)
かね お 金 : Dinero

土 TIERRA

"Las plantas crecen de la tierra (土)"

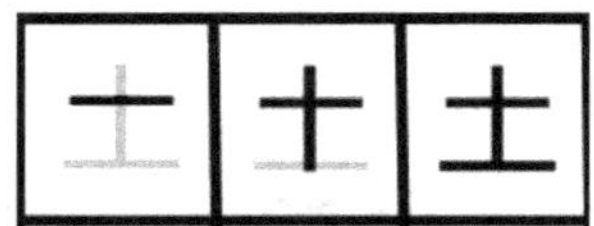

Intenta:

ON (ド)

どようび
土曜日: Sábado

Kun (つち)

つち
土 : Tierra

本 LIBRO, ORIGEN

"Ese libro (本) es sobre el origen del árbol de la vida"

本 本 本 本 本

Intenta:

本 本

ON (ホン)

ほん
本 : Libro

ほんだな
本 棚 : Estantería de libros

にほん
日本 : Japón

ほん
〜 本 : Contador de cosas largas cilíndricas

山 MONTAÑA

"Los tres picos son las montañas (山)"

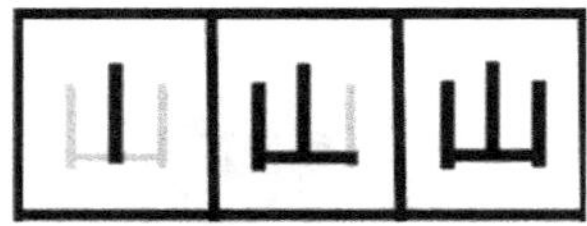

Intenta:

ON (サン)		
ふじ 山 (さん) : Montaña Fuji		

Kun (やま)		
山 (やま) : Montaña		

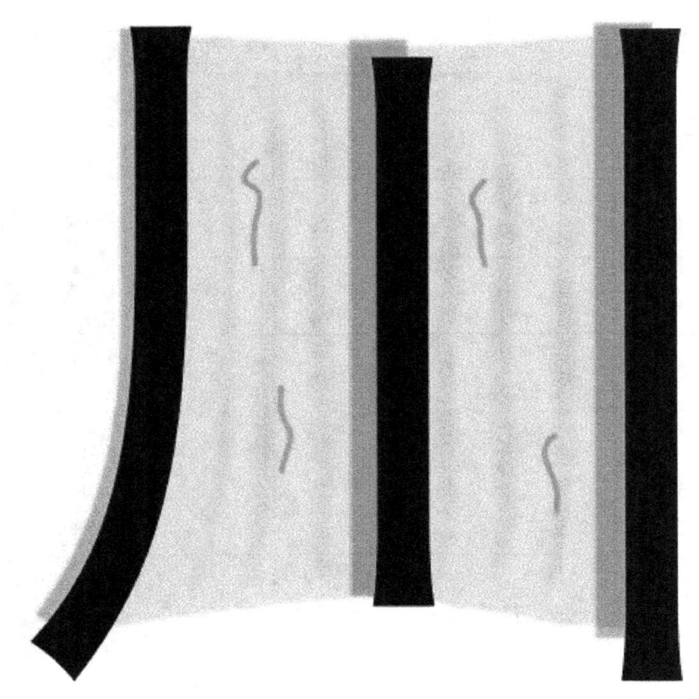

川 RÍO

"El río (川) fluye entre tres bordes"

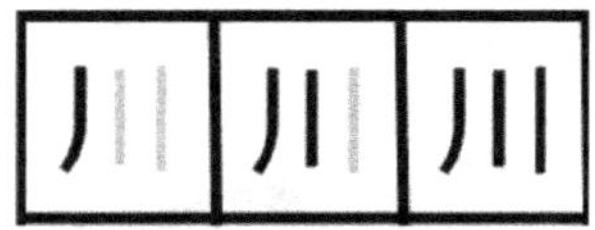

Intenta:

川	川						

Kun (かわ)
かわ 川 : Río

天 CIELO

"Abriendo tus brazos hacia el cielo (天)"

天 天 天 天

Intenta:

天 天

ON (テン)
てんき 天気: Clima
てんこう 天 候: Clima

空 CIELO, VACÍO

"El cielo (空) nuboso sobre el edificio vacío"

Intenta:

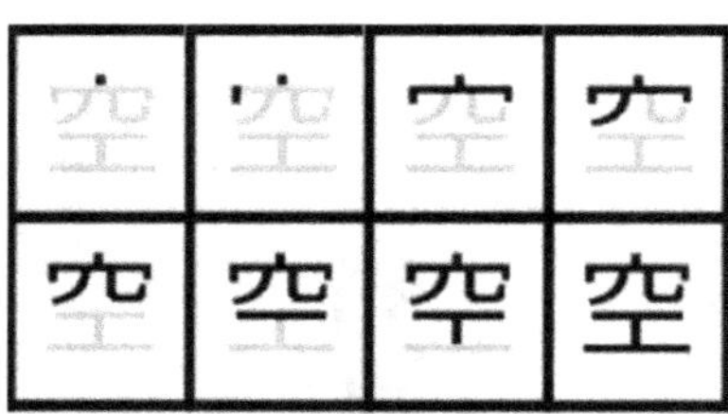

ON (クウ)

くうき
空気: Aire, atmósfera

Kun (そら, あ)

そら
空 : Cielo

あ
空く : Abrir, quedarse vacío

雨 LLUVIA

"Gotas de lluvia (雨) cayendo del cielo"

雨 雨 雨 雨
雨 雨 雨 雨

Intenta:

雨 雨

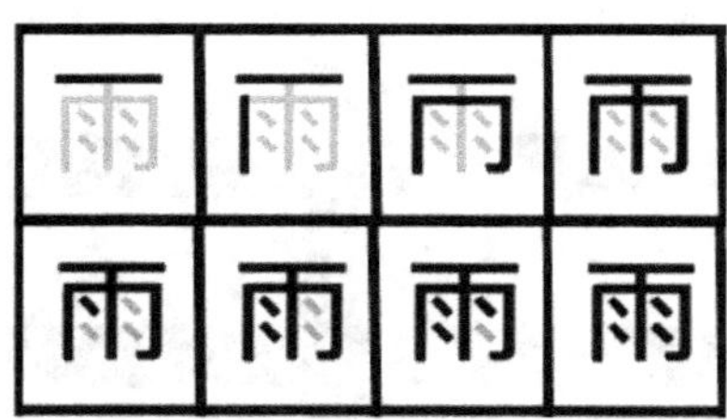

Kun (あめ)
あめ 雨 : Lluvia

電 ELECTRICIDAD

"Los relámpagos en una tormenta son una forma de electricidad (電)"

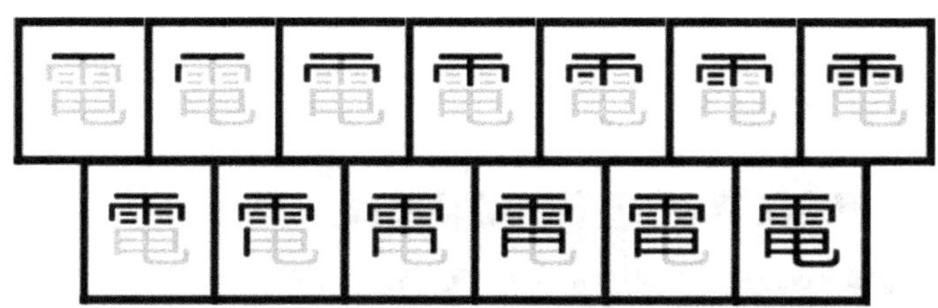

Intenta:

<table>
<tr><td>ON (デン)</td></tr>
</table>

でんき
電気: Electricidad

でんしゃ
電車: Tren eléctrico

でんわ
電話: Teléfono

魚 PEZ

"Un pez (魚) con franjas blancas"

Intenta:

ON (ギョ)

きんぎょ
金 魚 : Carpa dorada

Kun (さかな)

さかな
魚 : Pez

花 FLOR

"Dos personas mirando flores (花)"

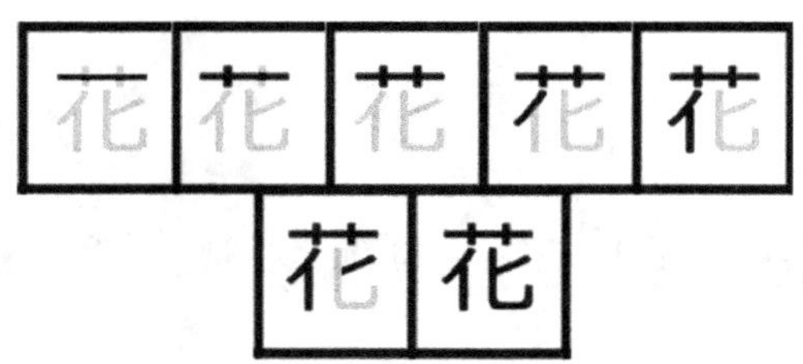

Intenta:

ON (カ)
かびん 花瓶: Florero

Kun (はな)
はな 花 : Flor

気 ESPÍRITU, AIRE

"El espíritu (気) se mueve en el aire"

気 気 気 気 気 気

Intenta:

気 気

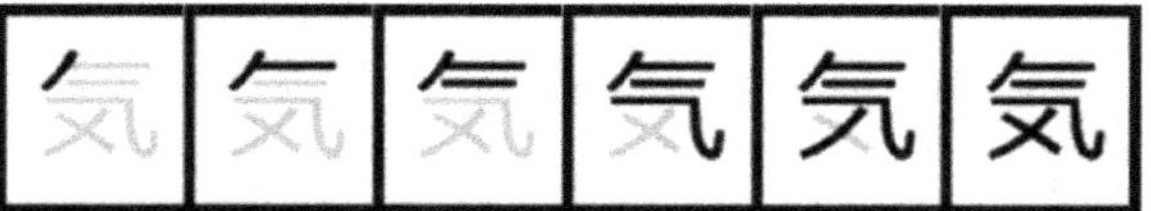

Nota: Este kanji era originalmente granos de arroz esparcidos por todo lugar por causa el viento, dando el significado de "aire"

ON (キ)
げんき 元気: Salud
てんき 天気: Clima
でんき 電気: Electricidad
びょうき 病気: Enfermedad
くうき 空気: Aire, atmósfera

国 PAÍS

"El rey está gobernando el país (国)"

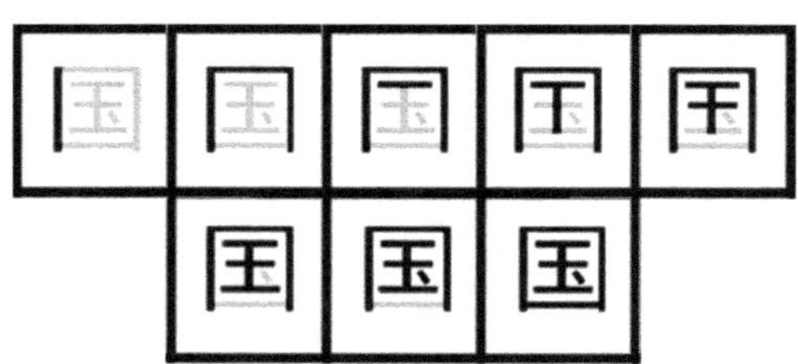

Intenta:

ON (コク)
がいこく 外 国 : País extranjero
がいこくじん 外 国 人 : Extranjero (persona)

Kun (くに)
くに 国 : País

CAPÍTULO 2: PERSONAS

人	友	女	男
19	20	21	22

父	母	子
23	24	25

人 HUMANO

"Un ser humano (人) con dos piernas largas"

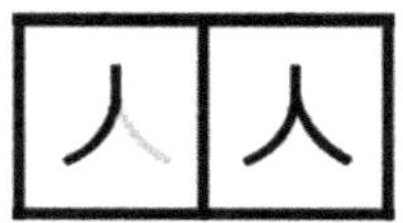

Intenta:

人	人						

ON (ジン, ニン)

がいこくじん
外 国 人 : Extranjero (persona)

にん
〜 人 : Contador de personas

Kun (ひと)

ひと
人 : Persona

Excepciones de Lectura

おとな
大人: Adulto

ひとり
一人: Una persona

ふたり
二人: Dos personas

友 AMIGO

"Es tiempo para abrazar un amigo (友)"

友 友 友 友

Intenta:

Nota: Este kanji está en realidad compuesto por dos manos: ナ + 又 dando el significado de dos personas ayudándose mutuamente.

ON (ユウ)
しんゆう 親 友 : Mejor amigo

Kun (とも)
ともだち 友 達 : Amigo

女 MUJER

"Una mujer (女) usando un vestido"

女 女 女

Intenta:

Nota: Este kanji era originalmente una mujer arrodillada. El kanji ha cambiado con el tiempo.

Kun (おんな)
おんな 女 ：Mujer
おんな　こ 女 の子: Niña

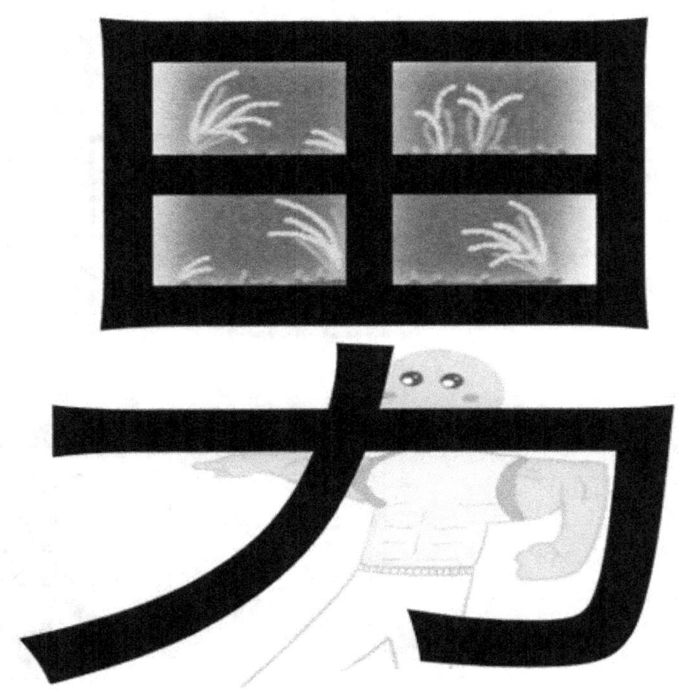

男 HOMBRE

"Un hombre (男) fuerte trabajando en el campo"

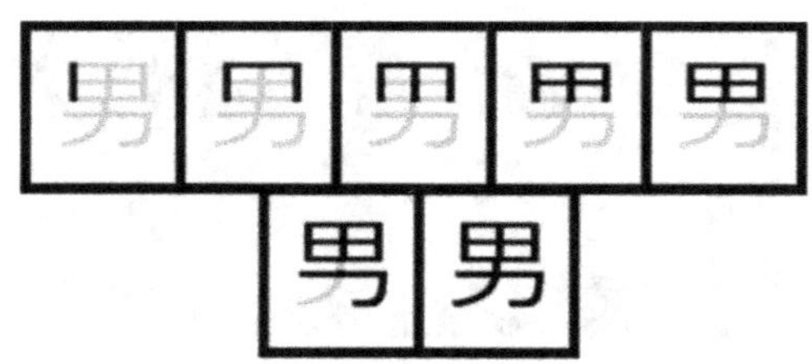

Intenta:

男	男						

Kun (おとこ)
おとこ 男 ：Hombre
おとこ　　こ 男 の子：Niño

父 PADRE

"Un padre (父) jugando con su hijo"

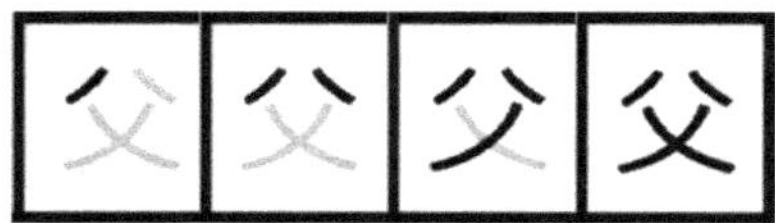

Intenta:

Nota: Este kanji era originalmente una mano sosteniendo una piedra, refiriéndose a un padre como hombre trabajador.

Kun (ちち)
ちち 父 : Papá

Excepciones de Lectura
じ い お祖父さん: Abuelo
お じ 伯父さん: Tío
とう お父さん: (Honorable) Padre

母 MADRE

"Una madre (母) abrazando a su hijo"

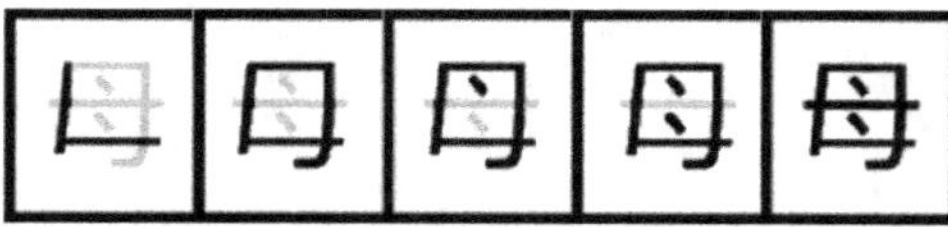

Intenta:

Nota: Este kanji fue tomado de una mujer arrodillada mostrando sus pezones (lista para amamantar).

Kun (はは)
はは 母 : Mamá

Excepciones de Lectura
かあ お母さん: (Honorable) Madre おば 叔母さん: Tía

子 NIÑO(A)

"Un niño (子) pidiendo un abrazo"

子 子 子

Intenta:

子 子

ON (シ)
お菓子: Dulces
帽子: Sombrero

Kun (こ)
男 の子: Niño
女 の子: Niña
子供: Niño(a)

CAPÍTULO 3: EL CUERPO

目	耳	口	足	手
26	27	28	29	30

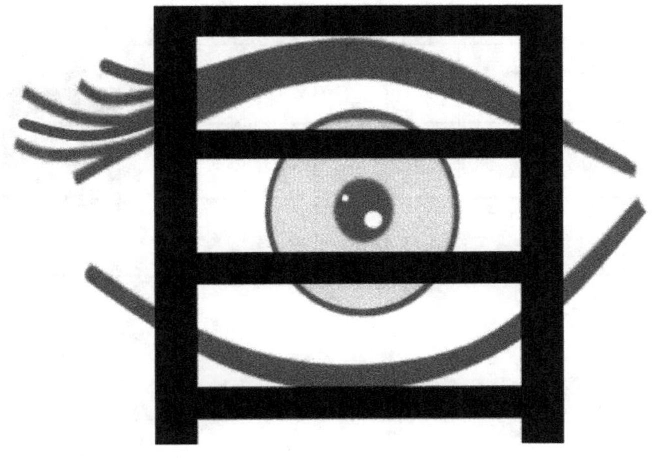

 目 OJO

"Un ojo (目) bien abierto"

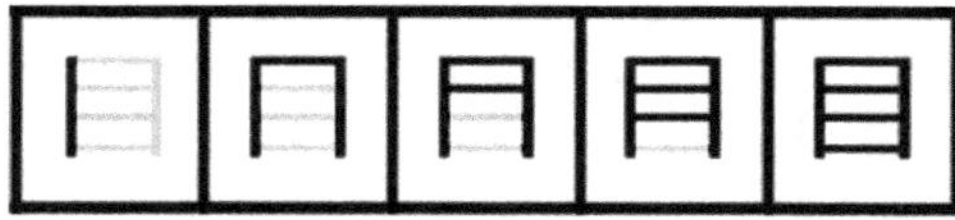

Intenta:

Kun (め)
め 目 : Ojo

耳 OREJA

"Los pliegues de una oreja (耳)"

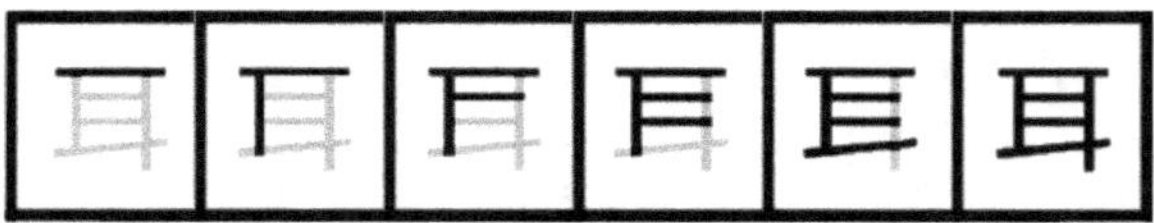

Intenta:

Kun (みみ)
耳 : Oreja

口 BOCA

"Una boca (口) completamente abierta"

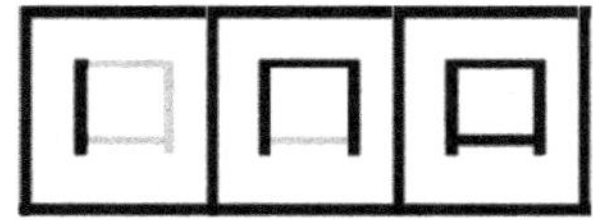

Intenta:

口	口						

Kun (く ち)
いりぐち 入 口 : Entrada
く ち 口 : Boca
でぐち 出 口 : Salida

足 PIERNA, SUFICIENTE

"Tener piernas (足) largas no es suficiente para ganar la carrera"

足 足 足 足 足 足 足

Intenta:

Kun (あし, た)
あし 足 : Pierna, pie
た 足りる: Ser suficiente

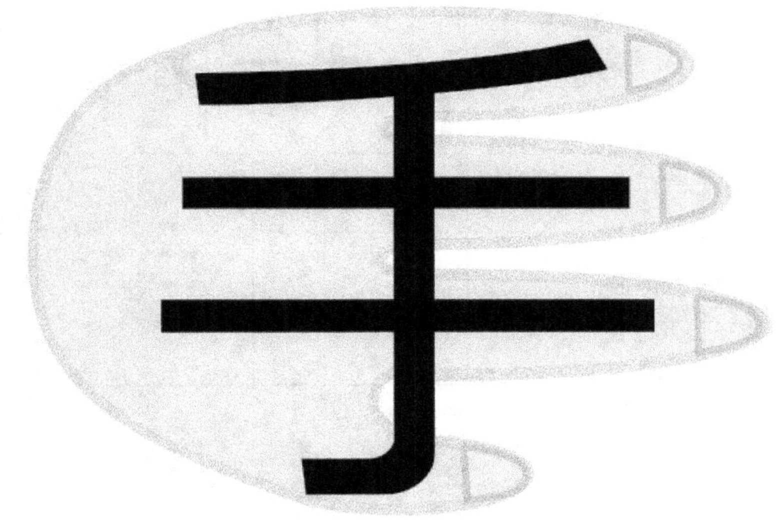

手 MANO

"Una mano (手) con cuatro dedos"

手 手 手 手

Intenta:

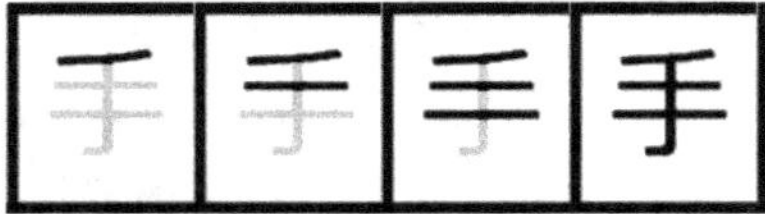

手 手 手

ON (ズ)

じょうず
上手: Hábil

Kun (て, た)

て
手: Mano

てあら
お手洗い: Baño

きって
切手: Estampilla postal

てがみ
手紙: Carta

へ た
下手: Torpe

CAPÍTULO 4: SOCIEDAD

店	円	車	道	校
31	32	33	34	35

駅	社
36	37

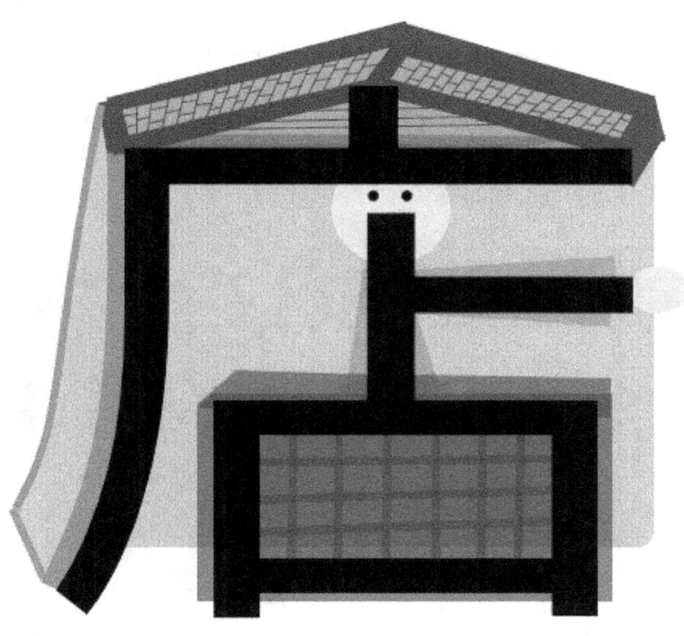

店 TIENDA

"Un empleado en la tienda (店)"

Intenta:

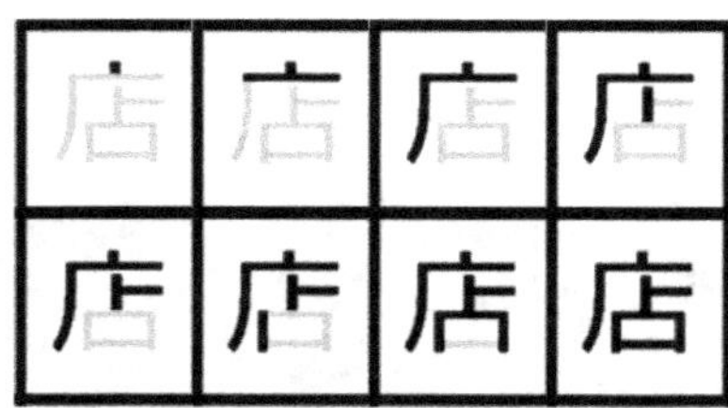

ON (テン)
きっさてん 喫茶店 : Cafetería

Kun (みせ)
みせ 店 : Tienda

五円
五円
10000
10000
日本銀行券
壹万円

円 YEN, REDONDO

"El yen (円) es usado tanto en papel como con monedas redondas"

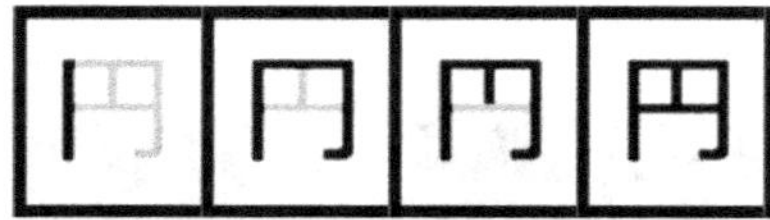

Intenta:

Nota: Este kanji es tan solo una versión simplificada del original

ON (エン)
えん 〜 円 : Yen (moneda)

Kun (まる)
まる 円 い : Redondo, circular

車 CARRO

"Una carreta fue la primera idea para el carro (車)"

車 車 車 車 車
車 車

Intenta:

車 車

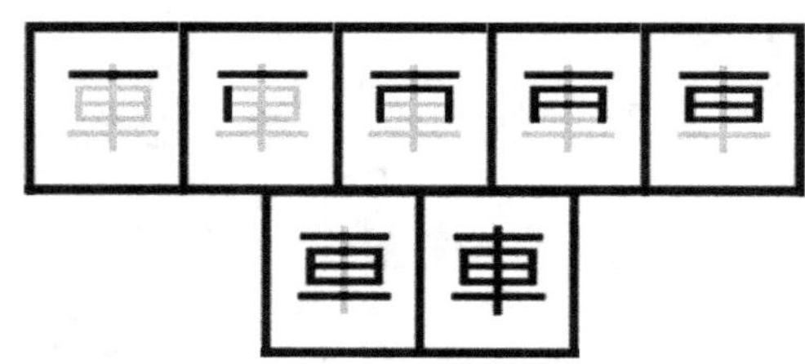

ON (シャ)
じてんしゃ 自転車 : Bicicleta
じどうしゃ 自動車 : Automóvil
でんしゃ 電 車 : Tren eléctrico

Kun (くるま)
くるま 車 : Carro

道 CAMINO

"El hombre de cuello (首) largo recorre el camino (道)"

Intenta:

Kun (みち)
みち 道 : Camino, calle

校 ESCUELA

"El estudiante se asocia (交) con el resto de la escuela (校) que está al lado del árbol (木)"

Intenta:

ON (コウ)

がっこう
学 校 : Escuela

こうこう
高 校 : Escuela preparatoria

駅 ESTACIÓN

"El caballo (馬) está esperando por el tren en la estación (駅)"

Intenta:

ON (エキ)
えき 駅 : Estación

社 COMPAÑÍA

"La compañía (社) tiene un altar (ネ) con una planta (土)"

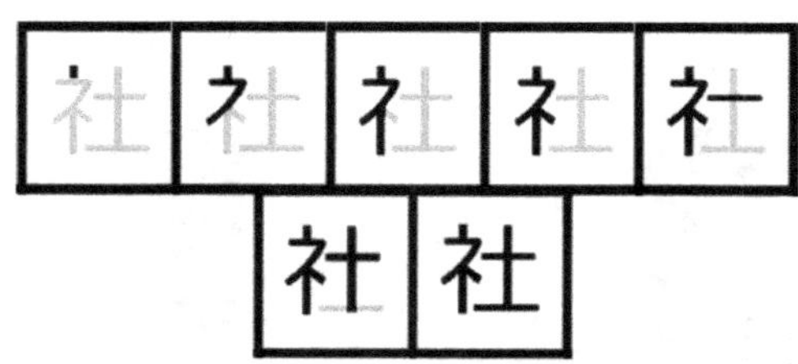

Intenta:

ON (シャ)
かいしゃ 会 社 : Compañía
しゃかい 社 会 : Sociedad
しゃちょう 社 長 : Presidente de la compañía

CAPÍTULO 5:
ADJETIVOS

古	新	高	安	大
38	39	40	41	42
小	少	多	名	長
43	44	45	46	47
		白		
		48		

古 VIEJO

"Una tumba vieja (古)"

Intenta:

		Kun (ふる)		

ふる
古 い: Viejo (no usado para personas)

ふるさと
古 里: Tierra natal

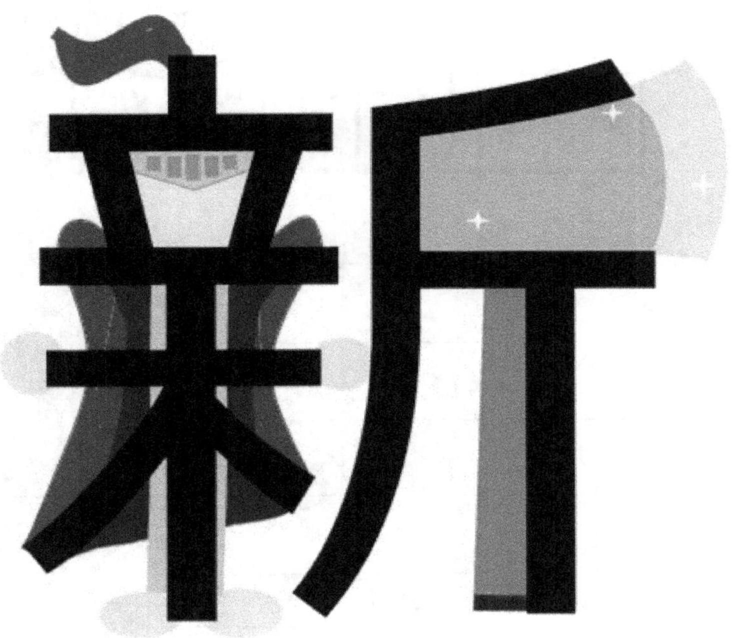

新 NUEVO

"Un caballero con un hacha (斤) nueva (新)"

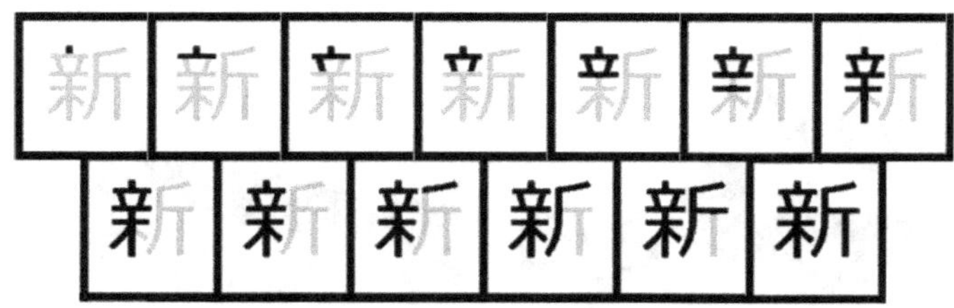

Intenta:

Nota: Originalmente un hacha para cortar un árbol. Un árbol recién cortado significaba "nuevo".

ON (シン)
しんぶん 新 聞 : Periódico

Kun (あたら)
あたら 新 しい : Nuevo

高 ALTO, COSTOSO

"Un edificio alto y costoso (高)"

高 高 高 高 高
高 高 高 高 高

Intenta:

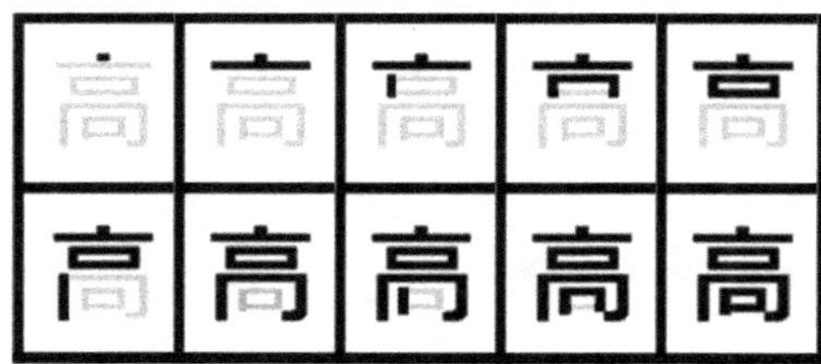

ON (コウ)
こうこう 高 校 : Escuela preparatoria

Kun (たか)
たか 高 い : Costoso

安 BARATO, CALMA

"La mujer calmada pagó por un techo barato (安)"

Intenta:

	ON (アン)	
	あんしん 安 心 : Alivio	

	Kun (やす)	
	やす 安 い : Barato	

大 GRANDE

"¿Qué tan grande (大) era? ¡Así de grande!"

大 大 大

Intenta:

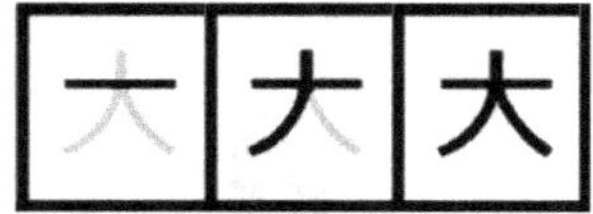

ON (ダイ, タイ)

だいがく
大 学 : Universidad

たいしかん
大使館 : Embajada

だいじょうぶ
大 丈 夫 : Todo bien

だいす
大好き : Muy agradable

たいせつ
大 切 : Importante

Kun (おお)

おお
大 きい : (adj) Grande

おお
大 きな : (n) Grande

おおぜい
大 勢 : Multitud

106

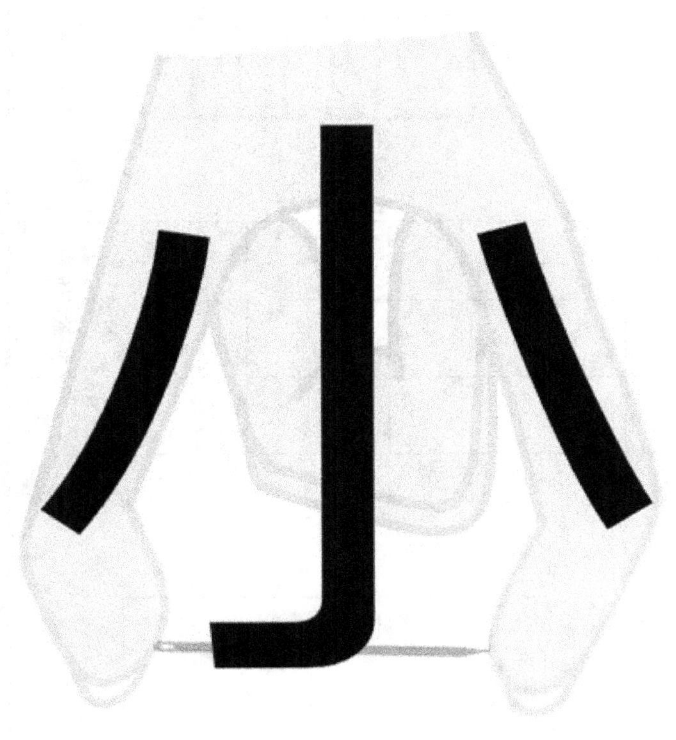

小 PEQUEÑO

"La mano sujeta una aguja pequeña (小)"

Intenta:

Kun (ちい)

小さい: (adj) pequeño	ちい
小さな: (n) pequeño	ちい

少 POCO

"La mano sujeta unas pocas (少) agujas"

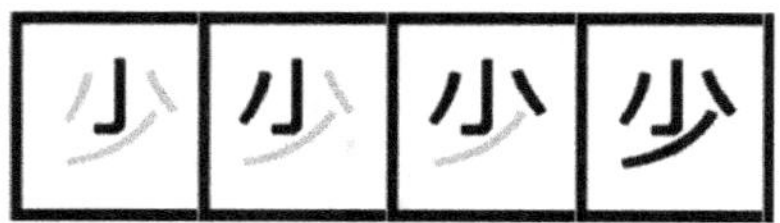

少 少 少 少

Intenta:

少 少

Kun (すく, すこ)
すく 少 ない: Un poco
すこ 少 し: Poco

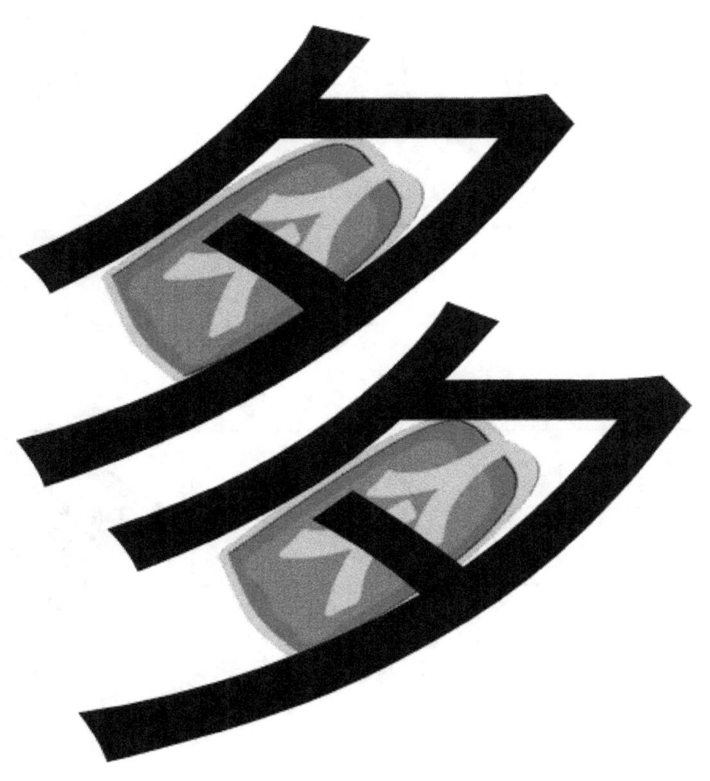

多 MUCHO

"La carne era escasa en la época Antigua. Tener dos trozos de carne era tener mucho (多)"

Intenta:

Nota: Este kanji se asimila más al kanji de noche que al de carne. Aun así, este era el significado original.

Kun (おお)	
^{おお}多 い: Mucho	

名 NOMBRE, DISTINGUIDO

"La boca mencionó su distinguido nombre (名) en la noche"

名 名 名 名 名 名

Intenta:

名	名						

ON (メイ)
ゆうめい 有名 : Famoso

Kun (な)
なまえ 名前: Nombre ひらがな 平仮名 : Hiragana かたかな 片仮名 : Katakana

長 LARGO, LÍDER

"La princesa, de cabello largo, es la líder (長)"

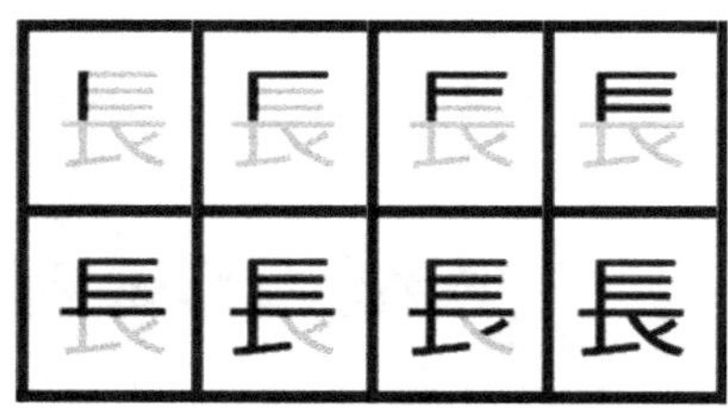

Intenta:

ON (チョウ)

しゃちょう
社 長 : Presidente de la compañía

Kun (なが)

なが
長 い: Largo

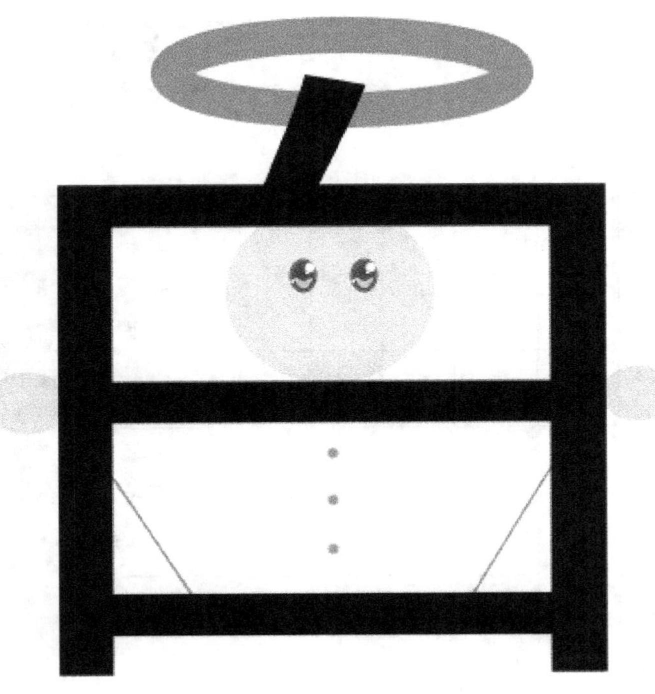

白 BLANCO

"Un ángel con una prenda blanca (白)"

Intenta:

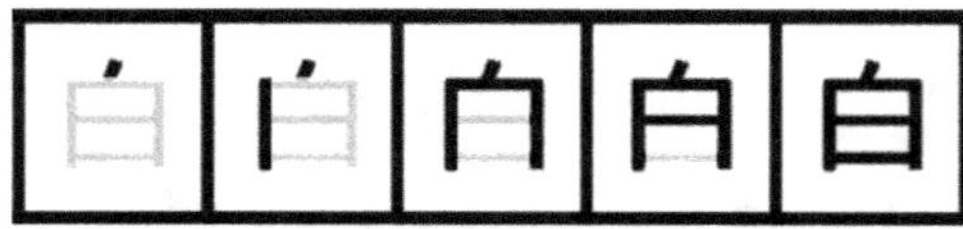

白	白					

Kun (しろ)
しろ 白 い : (adj) Blanco
しろ 白 : (n) Blanco

CAPÍTULO 6:
DIRECCIÓN

上	下	中	外	右
49	50	51	52	53
左	後	前	北	南
54	55	56	57	58
西	東	先		
59	60	61		

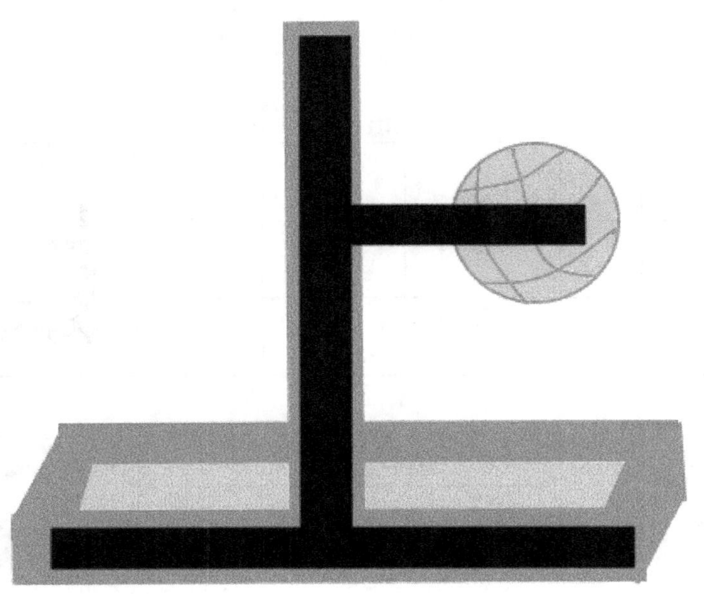

上 ARRIBA

"La bola esta justo arriba (上) en la cancha de voleibol"

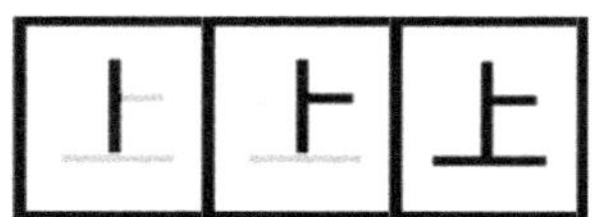

Intenta:

ON (ジョウ)
じょうず 上手 : Hábil

Kun (うえ, うわ, あ)
うえ 上 : Arriba
うわぎ 上着 : Abrigo
あ 上げる : Elevar, dar

下 DEBAJO

"El Tesoro está enterrado debajo (下) de la superficie"

Intenta:

ON (カ)

ちかてつ
地下鉄: Tren subterráneo

ろうか
廊下: Corredor

Kun (した)

した
下 : Abajo

くつした
靴 下 : Calcetines

Excepción de Lectura

へ た
下手: Torpe

中 MEDIO, ADENTRO

"El poste está adentro y en medio (中) de la puerta"

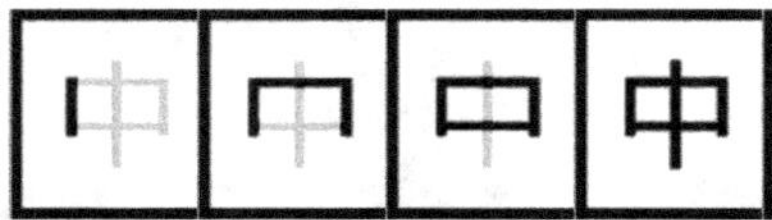

Intenta:

ON (チュウ)
〜 中（ちゅう）: Durante

Kun (なか)
中（なか）: Adentro, medio

外 AFUERA

"En la noche, el hombre va afuera (外) a mirar la luna"

Intenta:

ON (ガイ)
がいこく 外 国 : País extranjero
がいこくじん 外 国 人 : Extranjero (persona)

Kun (そと)
そと 外 : Afuera

右 DERECHA

"La mano derecha (右) se lleva la comida a la boca (口)"

Intenta:

Kun (みぎ)
みぎ 右 : Derecha

左 IZQUIERDA

"La mano izquierda (左) sujeta el trabajo
(工) manual"

Intenta:

	Kun (ひだり)
	ひだり 左 : Izquierda

後 DETRÁS, ATRÁS

"El hombre andante (彳) se queda atrás (後) mientras toma pasos (夂) tan pequeños como un hilo (幺)"

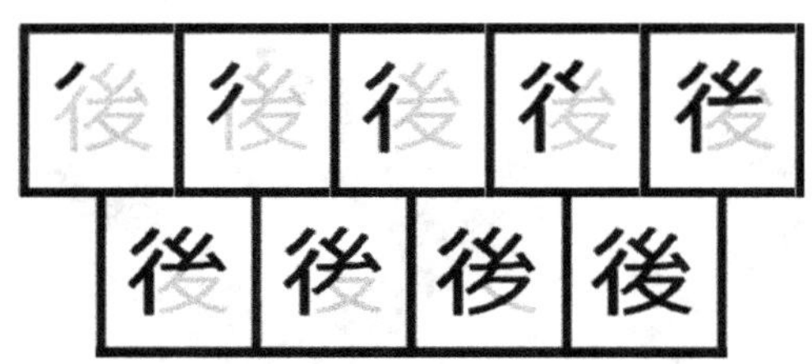

Intenta:

ON (ゴ)
ごご 午後: Tarde (p.m.)

Kun (あと, うし)
あと 後 : Después
うし 後 ろ: Detrás

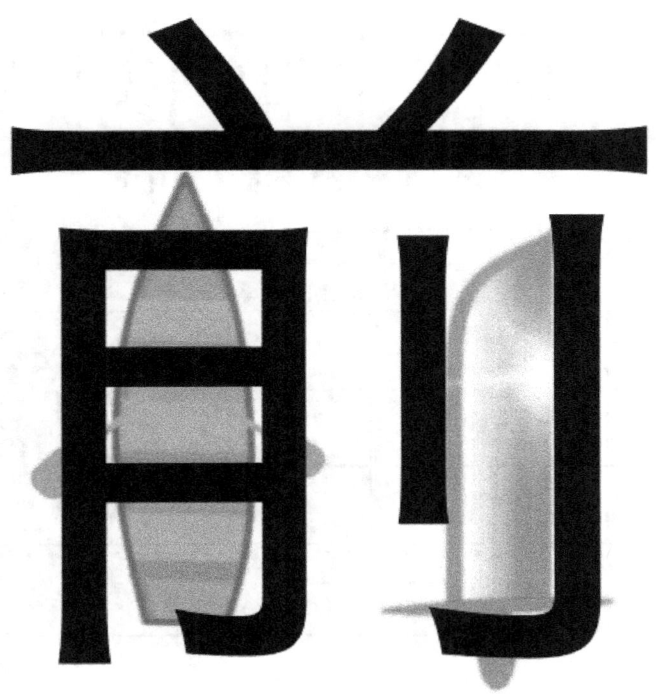

前 EN FRENTE

"Una forma de avanzar es tomar un bote con una espada (リ) al frente (前) como protección"

Intenta:

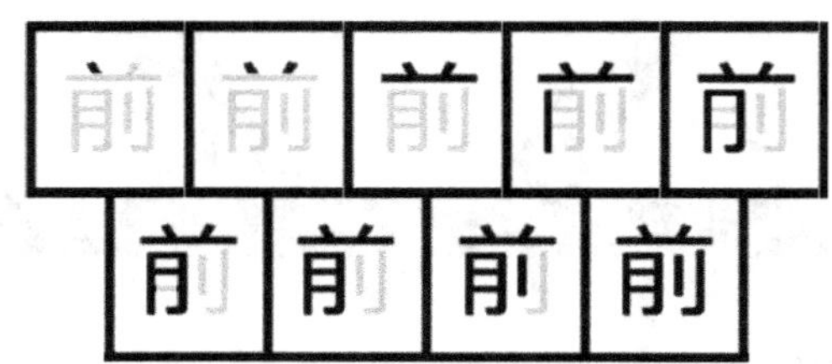

Nota: El radical de bote y el de luna pueden llegar a ser muy similares.

ON (ゼン)
ごぜん 午前: Mañana (a.m.)

Kun (まえ)
まえ 前 : Antes, previamente
まえ 〜前 : En frente de
なまえ 名前: Nombre

北 NORTE

"Las dos personas están de espalda mientras apuntan al norte(北)"

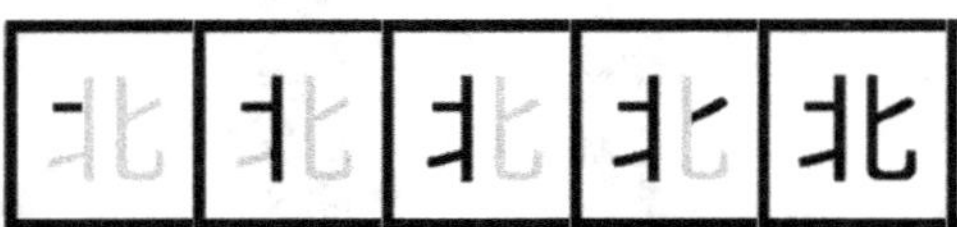

Intenta:

Kun (き た)
きた 北 : Norte

南 SUR

"El helicóptero está transportando el paquete hacia el sur (南)"

Intenta:

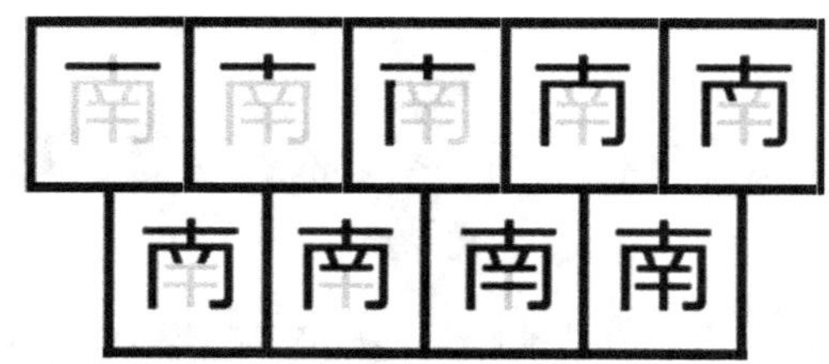

Nota: Este kanji era originalmente un instrumento de percusión colgando como una campana.

Kun (みなみ)		
みなみ 南 : Sur		

西 OESTE

"Un vaquero en el viejo oeste (西)"

Intenta:

Nota: Este kanji era originalmente un pájaro puesto en su nido con la puesta del sol hacia el oeste.

Kun (にし)
にし 西 : Oeste

東 ESTE

"El sol (日) sube, detrás del árbol (木), por el este (東)"

Intenta:

Kun (ひがし)
ひがし 東 : Este

先 PREVIO, ADELANTE

"El hombre fue previamente (先) un oficial militar"

先 先 先 先 先 先

Intenta:

先 先

Nota: Este kanji tenía una huella en la parte de arriba y las piernas en la parte de abajo para dar el significado de "adelante"

ON (セン)
せんげつ 先 月 : Mes pasado
せんしゅう 先 週 : Semana pasada
せんせい 先 生 : Profesor, doctor

Kun (さき)
さき 先 : El futuro, previo

CAPÍTULO 7: TIEMPO

分	半	年	午	何
62	63	64	65	66
毎	時	間	今	週
67	68	69	70	71

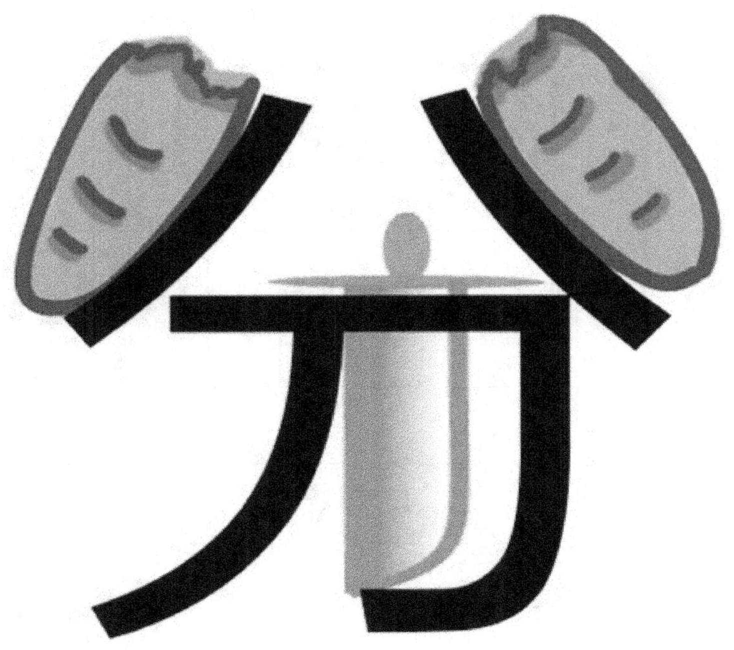

分 COMPARTIR, MINUTO

"Me tomó un minuto (分) para partir el pan y poder compartirlo"

分 分 分 分

Intenta:

分 分

ON (ブン)
じぶん 自分: Uno mismo
はんぶん 半分: Medio
ぶん 〜分: 〜Minutos

Kun (わ)
わ 分かる: Entender

半 MEDIO

"Mido el leño con la regla para cortarlo a la mitad (半)"

Intenta:

半	半						

ON (ハン)
はん 半 : Mitad
はんぶん 半 分 : Medio

年 AÑO

"Un ciclo de cosecha de cultivos de arroz es cada año (年)"

年 年 年 年 年 年

Intenta:

年 年

	ON (ネン)

きょねん
去 年 : Año pasado

らいねん
さ 来 年 : Dentro de dos años

まいねん
毎 年 : Cada año

まんねんひつ
万 年 筆 : Pluma estilográfica

らいねん
来 年 : Próximo año

	Kun (とし)

とし
年 : Año

おととし
一昨年 : Año antepasado

ことし
今年 : Este año

まいとし
毎 年 : Cada año

午 MEDIODÍA

"Doce dedos para representar el mediodía (午)"

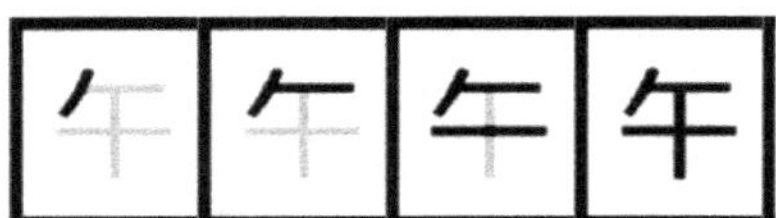

Intenta:

ON (ゴ)
<ruby>午<rt>ご</rt></ruby><ruby>後<rt>ご</rt></ruby>: Tarde (p.m.)
<ruby>午<rt>ご</rt></ruby><ruby>前<rt>ぜん</rt></ruby>: Mañana (a.m.)

何 QUÉ

"Una persona (亻) confundida abre la boca (口) y pregunta: ¿Qué (何)?

何 何 何 何 何 何 何

Intenta:

何	何	何						

Kun (なに, なん)
なに 何 : Qué
なん 何 : Qué
なん 何 〜 : Qué tipo de 〜

毎 CADA

"Cada padre y cada (毎) madre (母) tiene un hijo"

Intenta:

ON (マイ)
まいあさ 毎朝 : Cada mañana
まいげつ 毎月 : Cada mes
まいしゅう 毎週 : Cada semana
まいにち 毎日 : Todos los días
まいとし 毎年 : Cada año
まいばん 毎晩 : Cada noche

時 TIEMPO

"El sol (日) ayuda a medir el tiempo (時) en el templo (寺)"

| 時 | 時 | 時 | 時 | 時 |
| 時 | 時 | 時 | 時 | 時 |

Intenta:

ON (ジ)

じ
〜時: Tiempo (〜en punto)

じかん
時間: Tiempo

Kun (とき)

とき
〜 時 : Al momento de ~

ときどき
時 々 : A veces

Excepción de Lectura

とけい
時計: Reloj

間 ENTRE

"El sol (日) está entre las dos puertas (間)"

Intenta:

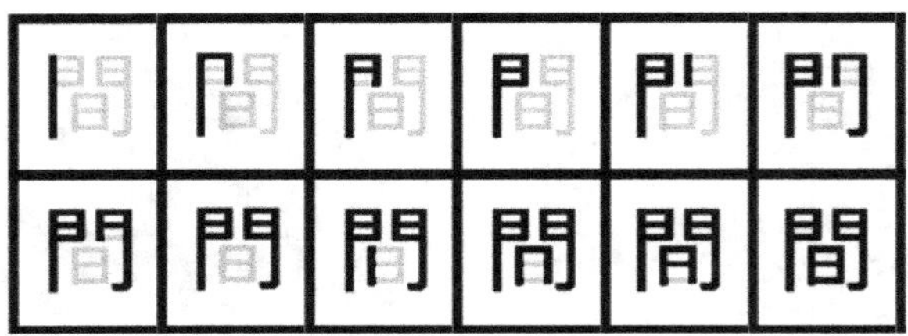

ON (カン)
じかん 時間: Tiempo
じかん 〜時間: 〜Horas
しゅうかん 〜週間 : 〜Semanas

今 AHORA

"El reloj cucú hace tictac ahora (今) mismo"

今 | 今 | 今 | 今

Intenta:

今 | 今 | | | | | | |

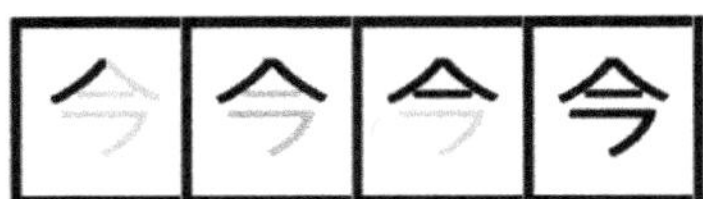

Nota: Este kanji era originalmente la tapa de una botella.

ON (コン)

こんげつ
今 月 : Este mes

こんしゅう
今 週 : Esta semana

こんばん
今 晩 : Esta noche

Kun (いま)

いま
今 : Ahora

Excepciones de Lectura

きょう
今日 : Hoy

け さ
今朝 : Esta mañana

ことし
今年 : Este año

週 SEMANA

"Recorrí el camino (辶) durante una semana (週) para ver crecer la planta(土)"

Intenta:

		ON (シュウ)		

こんしゅう
今 週 : Esta semana

せんしゅう
先 週 : Semana pasada

まいしゅう
毎 週 : Cada semana

らいしゅう
来 週 : Próxima semana

しゅうかん
〜 週 間 : 〜Semanas

CAPÍTULO 8: NÚMEROS

一	二	三	四	五
72	73	74	75	76
六	七	八	九	十
77	78	79	80	81
百	千	万		
82	83	84		

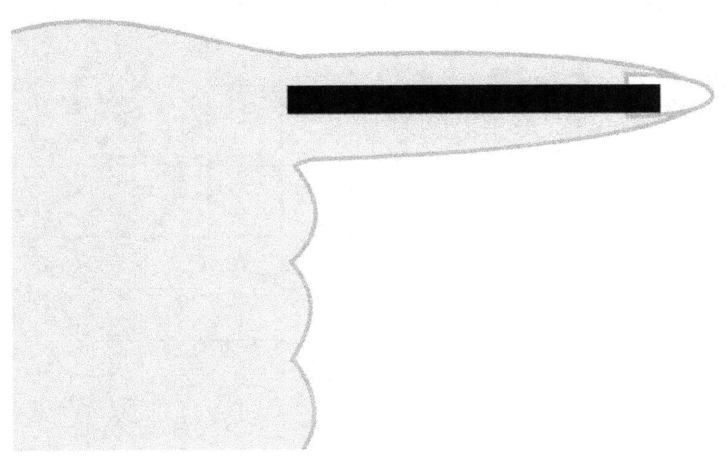

一 UNO

"Un (一) dedo"

一

Intenta:

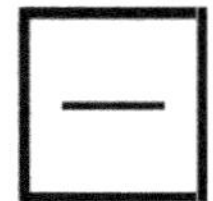

一	一						

ON (イチ)

いち
一 : Uno

いちにち
一 日 : Un día, un día entero

ついたち
一 日 : Primer día del mes

いっしょ
一 緒 : Juntos

Kun (ひと)

ひと
一 つ : Uno

ひとつき
一 月 : Un mes

ひとり
一 人 : Una persona

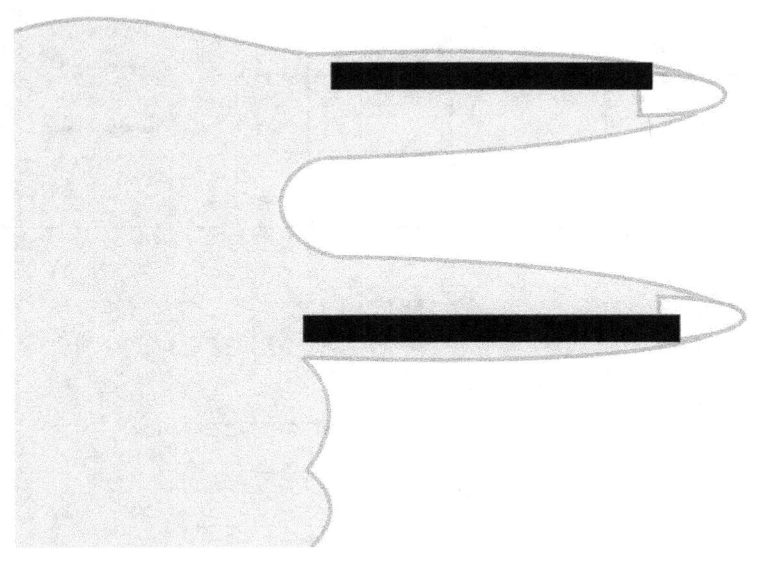

二 DOS

"Dos (二) dedos"

Intenta:

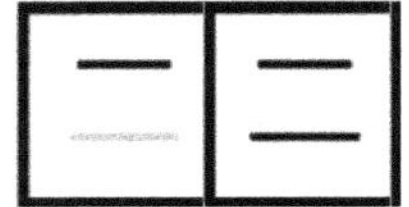

ON (二)
に 二: Dos

Kun (ふた)
ふたり 二人: Dos personas

Excepciones de Lectura
はたち 二十歳: 20 años de edad はつか 二十日: Veinte días, veinteavo

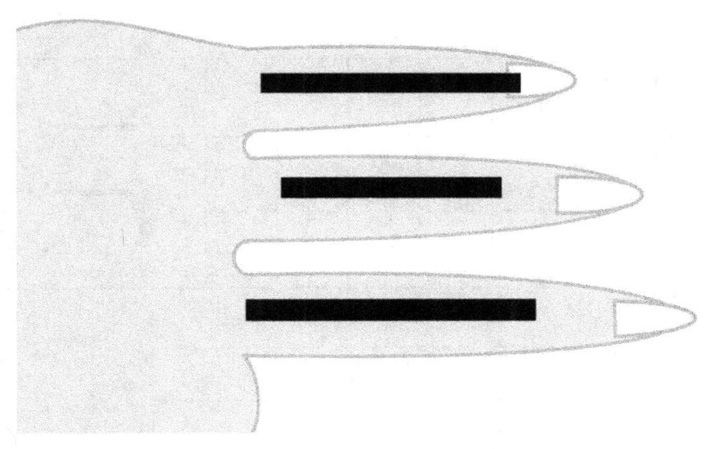

三 TRES

"Tres (三) dedos"

Intenta:

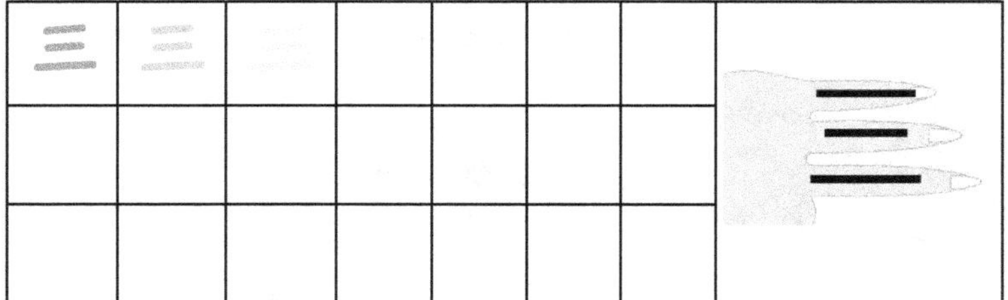

ON (サン)

さん
三 : Tres

Kun (み, みっ)

みっか
三日: Tres días, tercer día del mes

みっ
三 つ: Tres

四 CUATRO

"Cuatro (四) dedos enfocando dos piernas (ノL)"

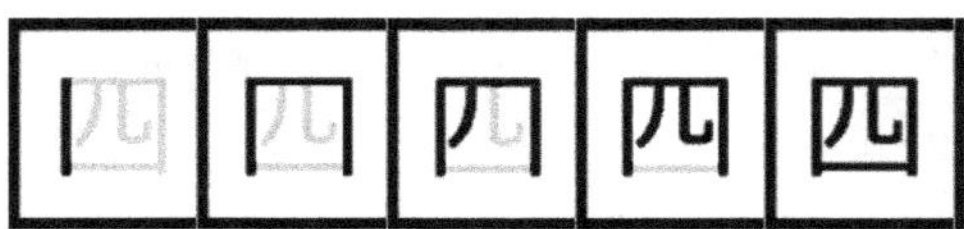

Intenta:

ON (シ)

し
四: Cuatro

Kun (よん, よっ)

よん
四 : Cuatro

よっか
四日: Cuatro días, cuarto día del mes

よっ
四 つ: Cuatro

五 CINCO

"Es justo como el número cinco (五)"

Intenta:

五	五						

ON (ゴ)
ご 五: Cinco

Kun (いつ)
いつか 五日: Cinco días, quinto día いつ 五つ: Cinco

六 SEIS

"Cinco dedos más un pulgar igual a seis (六)"

六　六　六　六

Intenta:

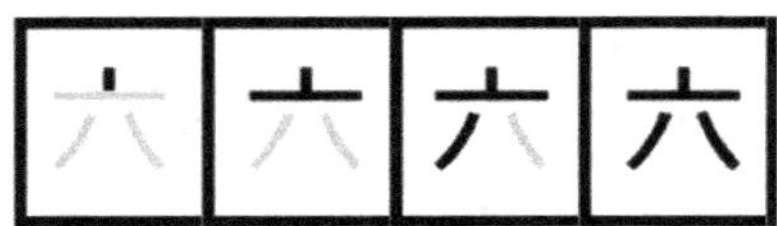

ON (ロク)	
ろく 六 : Seis	

Kun (む, むっ, むい)	
むいか 六日 : Seis días, sexto día del mes	
むっ 六つ : Seis	

七 SIETE

"El número siete (七) bocabajo"

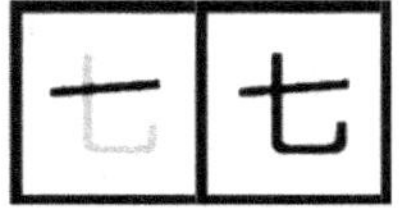

Intenta:

Nota: El kanji de 7 tenía un significado diferente antiguamente. Después fue prestado para el significado de 7.

ON (シチ)
しち 七 : Siete

Kun (なな, なの)
なな 七 : Siete
なな 七つ: Siete
なのか 七日: Siete días, séptimo día

八 OCHO

"Un ocho (八) pero sin la vuelta"

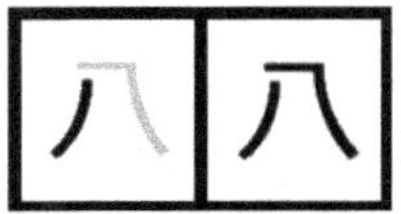

Intenta:

Nota: Este kanji se ve como divido en dos, es por lo que el 8 es un múltiplo de dos.

ON (ハチ)
はち 八 : Ocho

Kun (や, やっ, よう)
やおや 八百屋: Verdulería やっ 八つ: Ocho ようか 八日: Ocho días, octavo día

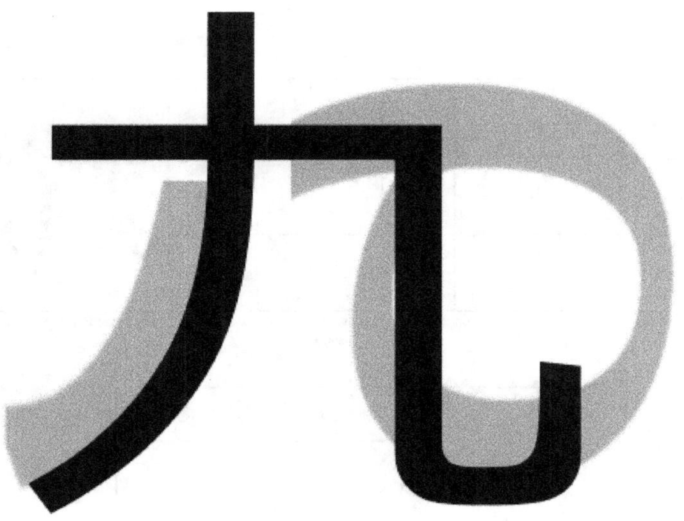

九 NUEVE

"Un nueve (九) roto"

Intenta:

Nota: Este kanji era originalmente un codo roto con dedos, significaba algo que estaba casi completo, pero no del todo.

ON (キュウ, ク)

きゅう
九 : Nueve

く
九: Nueve

Kun (ここの)

ここのか
九 日 : Nueve días, noveno día

ここの
九 つ: Nueve

 十 DIEZ

"Una persona mostrando los diez (十) dedos"

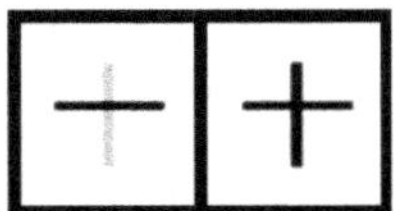

Intenta:

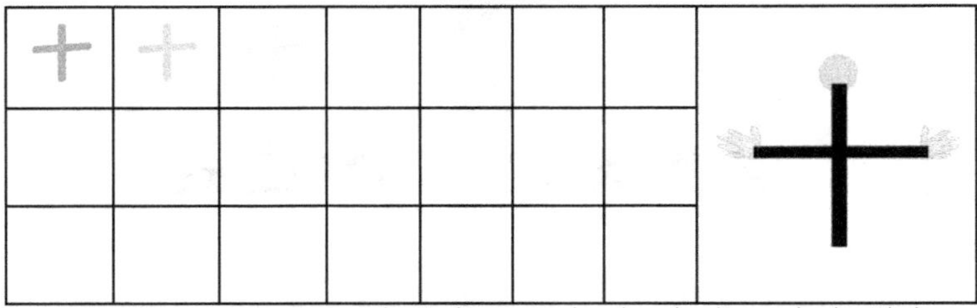

Nota: Antes de verse como una cruz, este kanji tenía un punto a largado en el medio, para dar el sentido de un manojo de diez.

ON (ジュウ)
じゅう 十 : Diez

Kun (とお)
とお 十 : Diez
とおか 十日 : Diez días, décimo día

百 CIEN

"El número cien (百) en posición vertical"

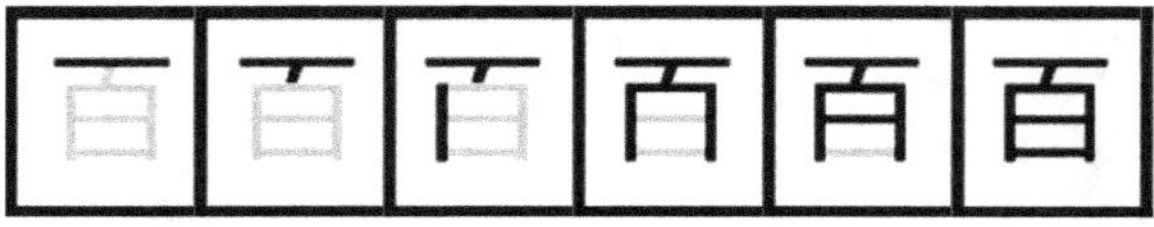

Intenta:

ON (ヒャク)

ひゃく
百 : Cien

Excepción de Lectura

やおや
八百屋: Verdulería

千 MIL

"La t de thousand (千) (mil) en inglés"

Intenta:

Nota: este kanji era originalmente una persona (人) atravesado por el kanji de uno (一) para dar el significado de que se trataba de un número.

ON (セン)
せん 千 : Mil

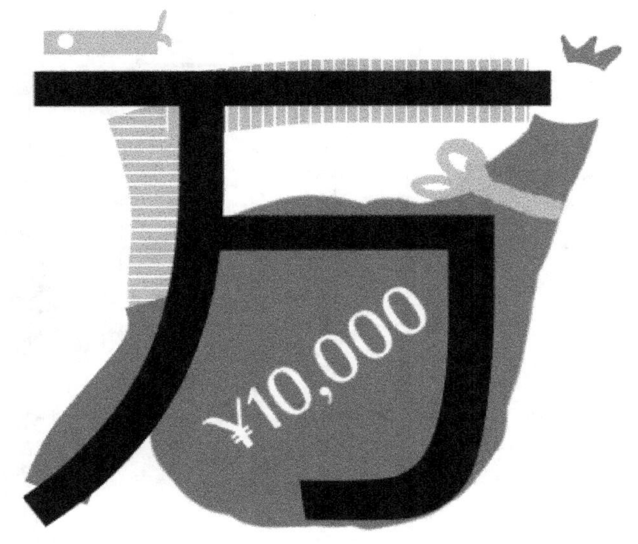

¥10,000

万 DIEZ MIL

"Un ladrón robando una bolsa con 10,000 (万) yenes"

Intenta:

Nota: Este kanji era originalmente un nombre de tribu, luego fue prestado para el significado de diez mil

ON (マン)
まん 万 : Diez mil
まんねんひつ 万 年 筆 : Pluma estilográfica

CAPÍTULO 9: VERBOS

行	来	入	出	言
85	86	87	88	89
語	読	書	話	聞
90	91	92	93	94
食	飲	立	休	見
95	96	97	98	99
会	学	生	買	
100	101	102	103	

行 IR

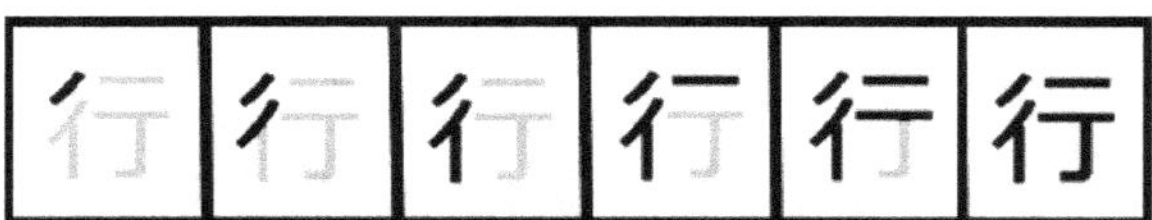

"El hombre está listo para ir (行) andando
en el camino"

Intenta:

ON (コウ)
ぎんこう 銀 行 : Banco
ひこうき 飛行機: Avión
りょこう 旅 行 : Viaje

Kun (い, ゆ)
い 行く : Ir
ゆ 行く : Ir

来 VENIR

"La mujer finalmente ha venido (来) a la cabina"

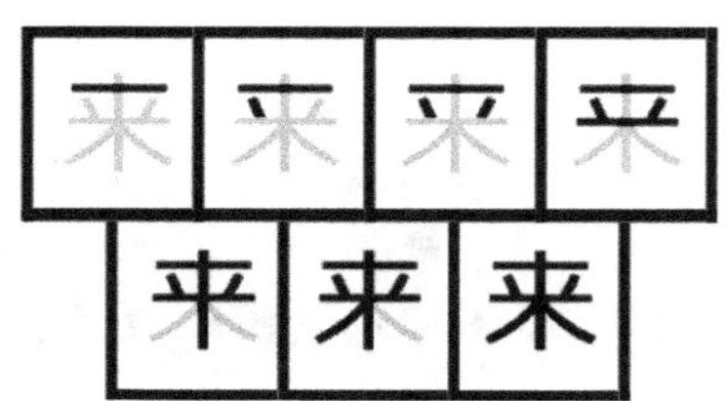

Intenta:

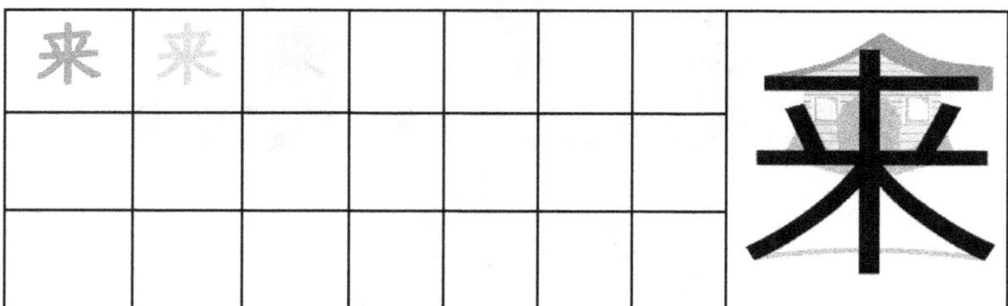

Nota: Este kanji era originalmente una planta de cebada

ON (ライ)
らいねん さ 来 年 : Dentro de dos años
らいげつ 来 月 : Próximo mes
らいしゅう 来 週 : Próxima semana
らいねん 来 年 : Próximo año

Kun (く)
く 来 る : Venir

入 ENTRAR

"Entrar (入) a la tienda"

Intenta:

入	入					

Kun (い, はい)
はい 入 る: Entrar
い 入れる: Meter

Excepción de Lectura
いりぐち 入 口 : Entrada

出 SALIR

"Yo salgo (出) de la fortaleza y voy hacia las montañas (山)"

Intenta:

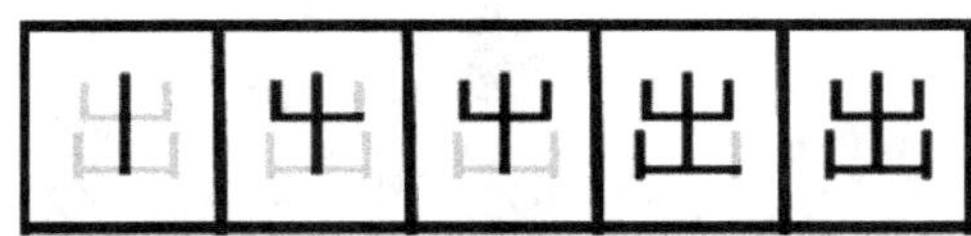

Kun (で, だ)	
だ 出す	Sacar, publicar
で 出かける	Salir
でぐち 出口	Salida
で 出る	Aparecer, dejar

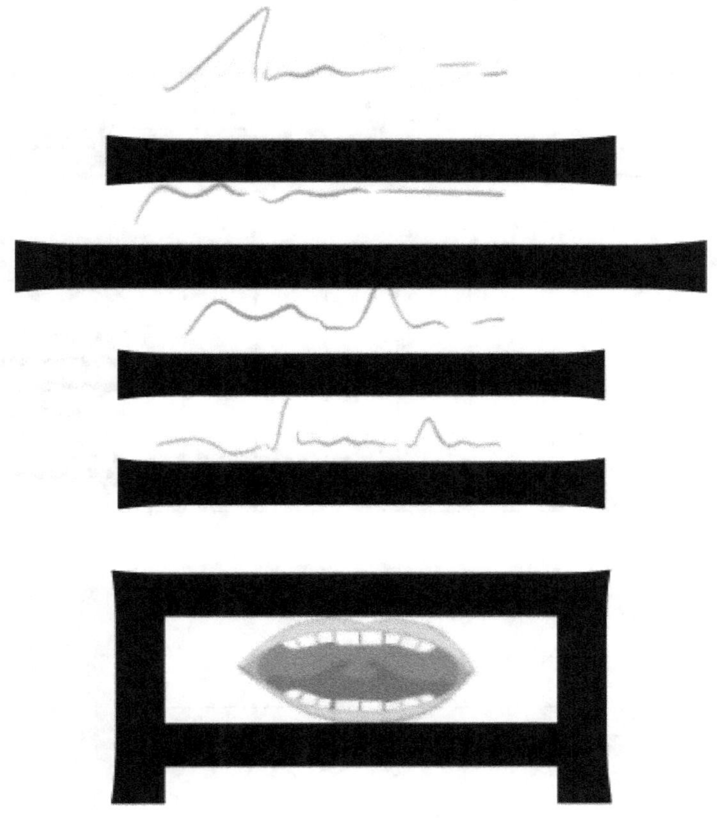

言 DECIR

"La boca (口) dice (言) todo tipo de palabras"

Intenta:

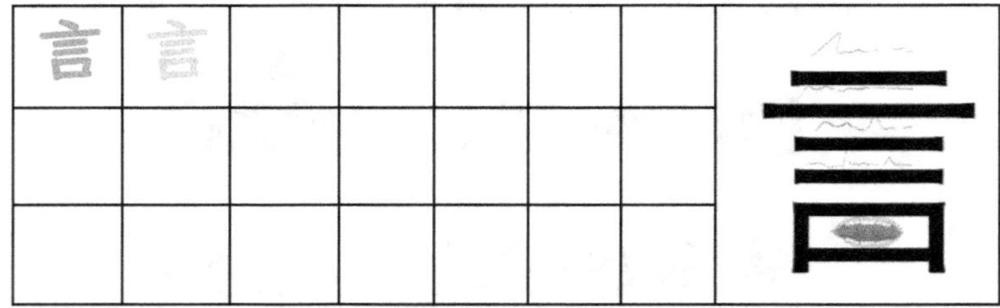

Kun (い, こと)
い 言う: Decir
ことば 言葉: Palabra, idioma

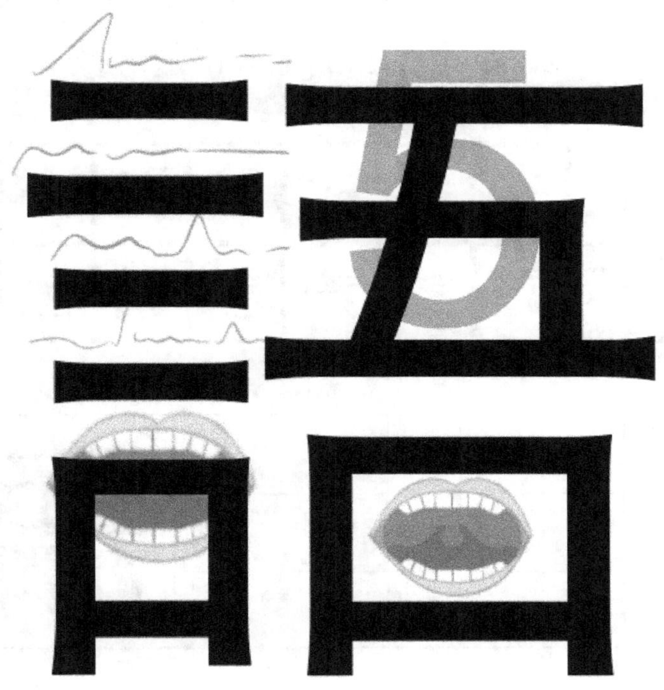

語 PALABRA, NARRAR

"Necesitas más de cinco (五) palabras para narrar (語) una gran historia"

Intenta:

語 語

ON (ゴ)
にほんご 日本語: Japonés (idioma)
えいご 英語: Inglés (idioma)
ご 〜語: 〜Idioma

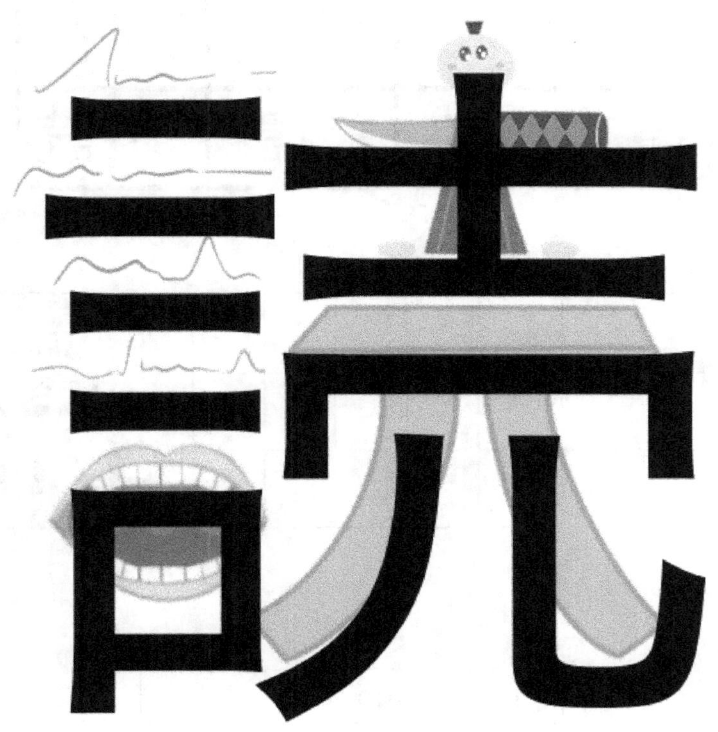

読 LEER

"El samurái (士) lee (読) las palabras (言) en el escritorio"

Intenta:

Kun (よ)
読む: Leer

書 ESCRIBIR

"La mano agarra el pincel (聿) para escribir (書) poemas sobre el sol (日)"

Intenta:

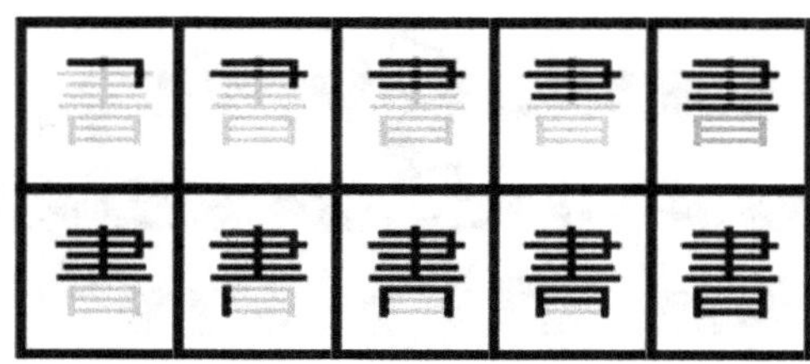

ON (ショ)
じしょ 辞書: Diccionario
としょかん 図書館: Biblioteca

Kun (か, がき)
か 書く: Escribir
はがき 葉書: Tarjeta postal

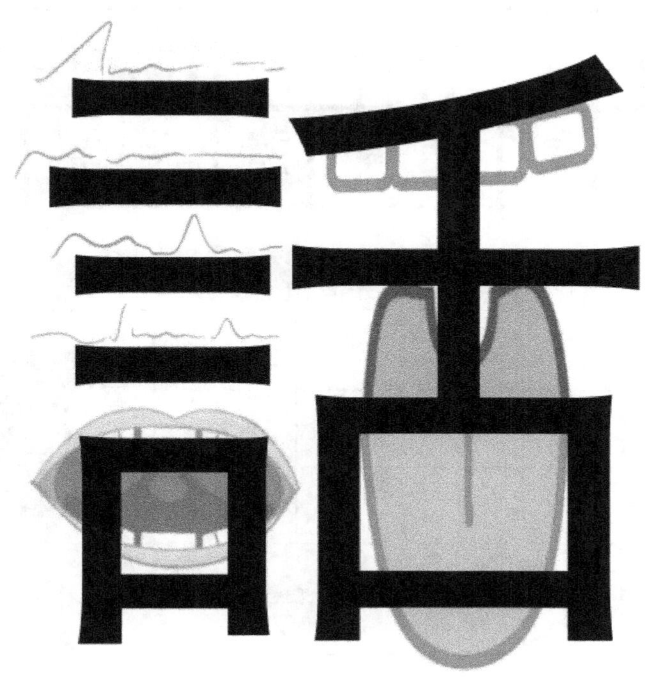

話 HABLAR

"Necesitamos de la lengua (舌) para hablar (話)"

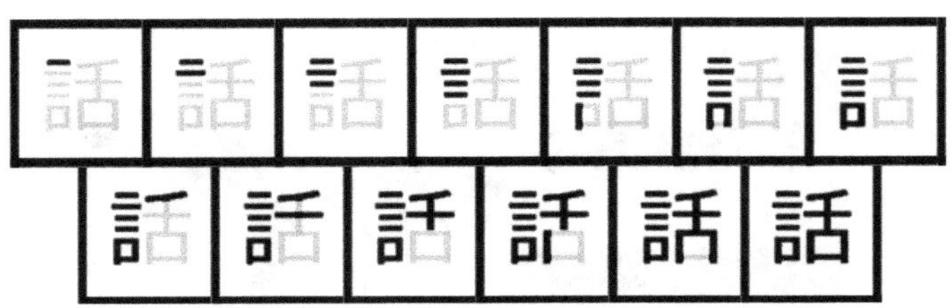

Intenta:

話	話				

ON (ワ)
でんわ 電話: Teléfono

Kun (はな, はなし)
はなし 話 : Historia はな 話 す: Hablar

聞 ESCUCHAR

"El oído (耳) escucha (聞) lo que se dice entre las dos puertas (門)"

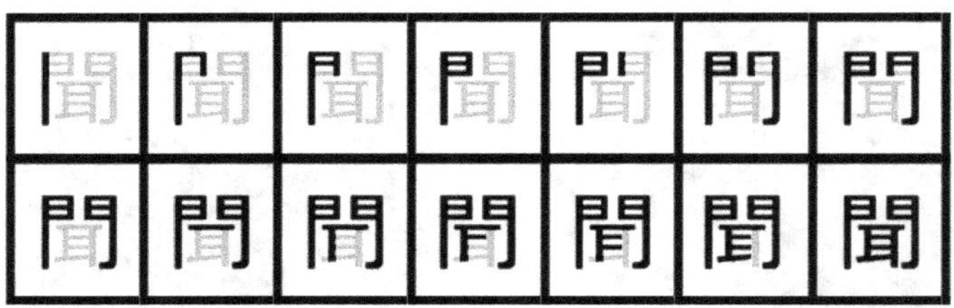

Intenta:

ON (ブン)
しんぶん 新 聞 : Periódico

Kun (き)
き 聞く : Oír, escuchar, preguntar

食 COMER, COMIDA

"El hombre come (食) comida deliciosa bajo el techo"

食 食 食 食 食
食 食 食 食

Intenta:

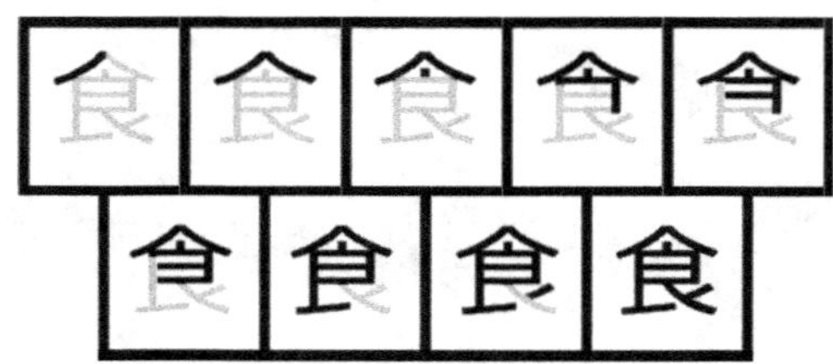

ON (ショク)
しょくどう 食 堂 : Comedor

Kun (たべ)
た　　もの 食べ物 : Comida
た 食べる : Comer

飲 BEBER

"El hombre sediento quiere beber (飲) algo antes de comer"

Intenta:

Kun (の)
の 飲む: Beber
の　　もの 飲み 物 : Bebida

立 LEVANTARSE

"El chico se levanta (立) sobre un pie"

立 立 立 立 立

Intenta:

Kun (た)
た 立つ: Estar de pie
た 立てる: Levantar (algo)

Z Z Z ...

休 DESCANSAR

"El hombre(亻) descansa (休) recostándose al árbol (木)"

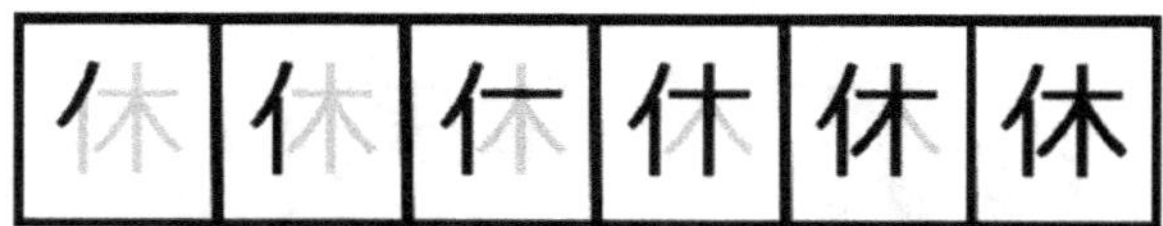

Intenta:

Kun (やす)
なつやす 夏 休み: Vacaciones de verano
やす 休み: Descanso
やす 休む: Descansar

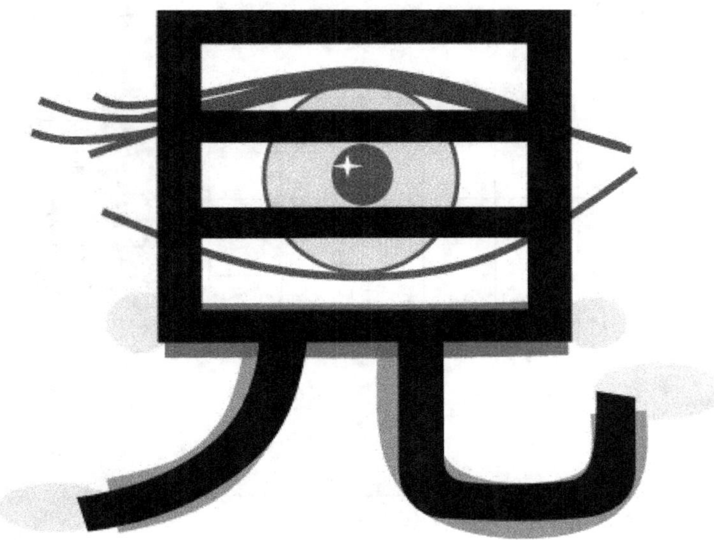

見 VER, IDEA

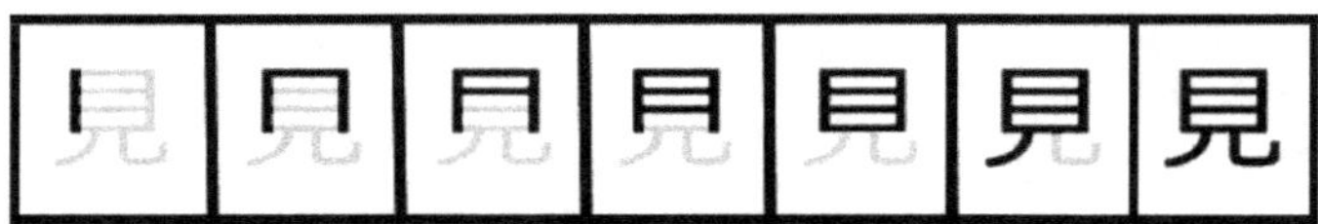

"El ojo (目) está listo para moverse
alrededor y mirar (見) nuevas ideas"

見 見 見 見 見 見 見

Intenta:

見 見

Kun (み)
み 見る: Ver
み 見せる: Mostrar

会 CONOCERSE, ENCONTRARSE

"Después que ellos se conocieron, se suelen encontrar (会) bajo este techo"

Intenta:

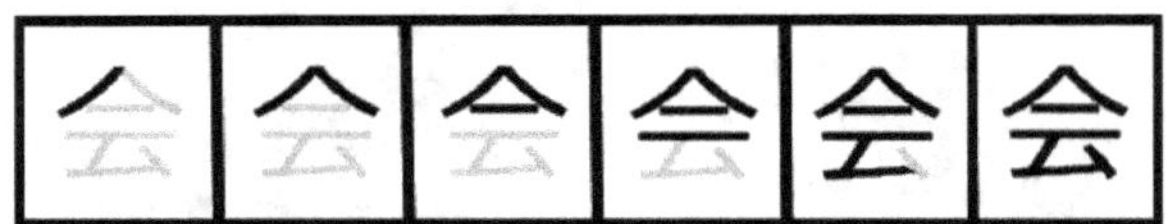

Nota: El kanji original era completamente diferente y mostraba el significado de "ir a encontrase con alguien a pie"

ON (カイ)
かいしゃ 会社 : Compañía

Kun (あ)
あ 会う : Conocerse, encontrarse

学 ESTUDIAR

"Al niño (子) se le prende el cerebro en fuego al momento de estudiar (学)"

Intenta:

ON (ガク)
がくせい 学 生 : Estudiante
がっこう 学 校 : Escuela
だいがく 大 学 : Universidad
りゅうがくせい 留 学 生 : Estudiante extranjero

生 VIDA, NACER

"El nacer y la vida (生) de las plantas viene de la tierra (土)"

生 生 生 生 生

Intenta:

ON (セイ, ショウ)

せいと
生徒: Estudiante

せんせい
先生: Profesor, doctor

たんじょうび
誕生日: Cumpleaños

がくせい
学生: Estudiante

りゅうがくせい
留学生: Estudiante extranjero

Kun (う)

う
生まれる: Nacer

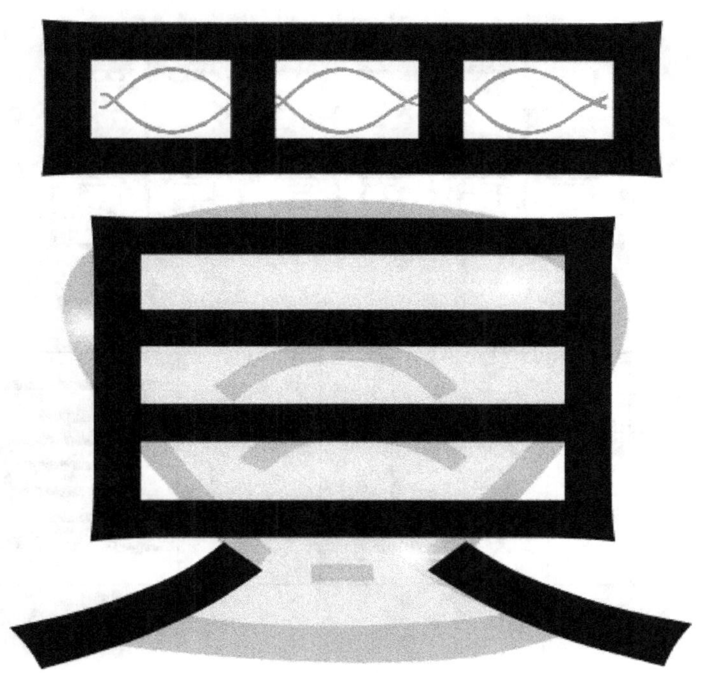

買 COMPRAR

"Comprar un net (罒) de conchas (貝) era
muy costoso por su valor en la época"

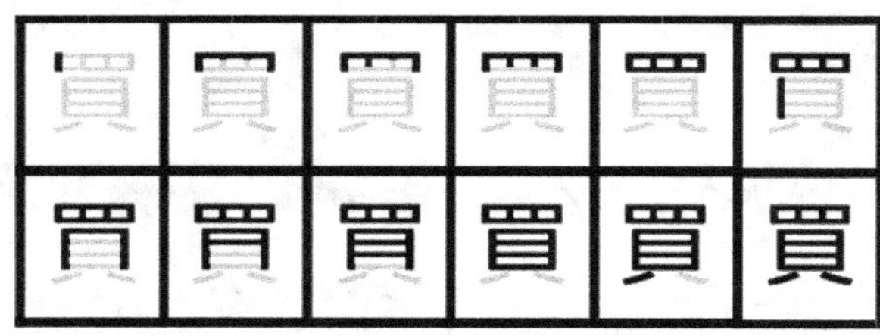

Intenta:

Kun (か)
か 買う: Comprar
か　　もの 買い 物 : Compras

Este libro cubre los 103 kanji encontrados en el Examen de
Aptitud del Idioma Japonés N5 y su idea principal es cubrir
tanto material como sea posible relacionado al kanji.
Si deseas unirte en este trayecto de aprender japonés, dale
una mirada a mis redes sociales. Allí podrás hacer preguntas
y unirte a nuestras conversaciones.

@JLPTKanjiMnemonics

También, si tienes preguntas o sugerencias para mejorar mi
libro, siéntete libre de contactarme a:
jlptkanjimnemonics@gmail.com

ありがとうございます！